[IMAGENS DA MARÉ]

CB127535

FRANCISCO VALDEAN

IMAGENS DA MARÉ

NARRAÇÕES FOTOGRÁFICAS DA FAVELA

mórula
EDITORIAL

Copyright © Francisco Valdean.
Todos os direitos desta edição reservados
à MV Serviços e Editora Ltda.

REVISÃO
Natalia von Korsch

FOTO (CAPA)
Gabriela Lino

PROJETO GRÁFICO
Patrícia Oliveira

CIP-BRASIL. CATALOGAÇÃO NA PUBLICAÇÃO
SINDICATO NACIONAL DOS EDITORES DE LIVROS, RJ
Elaborado por Gabriela Faray Ferreira Lopes — CRB 7/6643

V237i

Valdean, Francisco
Imagens da Maré: narrações fotográficas da favela / Francisco Valdean. – 1. ed. – Rio de Janeiro: Mórula, 2022.
168 p. ; 21 cm

Inclui bibliografia
ISBN 978-65-81315-12-2

1. Favelas – Obras ilustradas – Maré (Rio de Janeiro, RJ). I. Título.

22-77796 CDD: 307.3364098153
CDU: 364.682.444(815.3)

Rua Teotônio Regadas 26 sala 904
20021_360 _ Lapa _ Rio de Janeiro _ RJ
www.morula.com.br _ contato@morula.com.br
/morulaeditorial /morula_editorial

Em homenagem ao inventário visual
do fotógrafo popular Bira Carvalho.

AGRADECIMENTOS

À Viviane, minha companheira, e à minha filha, Luiza, meus sinceros agradecimentos pela compreensão de minha ausência em algumas atividades familiares e domésticas ao longo do processo deste livro.

Ao amigo Henrique Gomes e a todos os fotógrafos que atuam ou atuaram na Maré: Antonello Veneri, AF Rodrigues, Bira Carvalho, Elisangela Leite, Rosilene Miliotti e Naldinho Lourenço.

Aos mestres Ripper, Dante Gastaldoni e Ricardo Funari, sou muito grato a vocês pelos ensinamentos da linguagem fotográfica.

Durante a pesquisa muitos foram os encontros. Por toda a receptividade com que sempre fui recebido, meus agradecimentos especiais para Severino e Antônia, muito obrigado pela generosidade de vocês. Aos animadores culturais da Maré: Sidney, Marden, Macelô, Marquinho Gargalo, Marcos Paulo e toda a turma animada dos blocos Magia do Samba e Gargalo. A Pichetti, Charles da Associação de Moradores da Baixa do Sapateiro e Rodrigo Souza. Vocês fazem a máquina da cultura da Maré girar!

Aos amigos desde a graduação: Wagner Maia, que acompanhou com atenção o desenvolvimento deste trabalho, e Marcele Frossard, pela paciência e pela atenção com que compartilhou comigo críticas e comentários a respeito do texto deste livro.

A todo o corpo docente do Programa de Pós-Graduação em Ciências Sociais da Universidade do Estado do Rio de Janeiro (PPCIS-Uerj) e a seus funcionários, em nome do Wagner, que sempre estava à disposição para a resolução de problemas.

Às instituições da Maré: Observatório de Favelas, Redes da Maré, CEASM, projetos Imagens do Povo e Museu da Maré, iniciativas que contribuem de forma prática e simbólica com uma atualização da imagem, da cultura e da memória.

Aos professores Marcos Albuquerque, orientador da dissertação de mestrado que deu origem a este livro, Fabiene Gama e Barbara Copque, pelas orientações e coordenadas de todas as horas, meu muito obrigado pelos apontamentos preciosos. À professora Clarice Peixoto, pelo seu compartilhamento de conhecimento e por ter me atendido prontamente em diversos momentos. Vocês são nota 10!

SUMÁRIO

OS OLHOS DE VER DOS FOTÓGRAFOS DA MARÉ

PEDRO KARP VASQUEZ

L'étranger ne voit que ce qu'il connaît.
[PROVÉRBIO MALIANO]

A publicação de "Imagens da Maré: narrações fotográficas da favela" reveste-se de grande importância, que pode escapar àqueles que porventura encararem este livro como o simples esforço de difusão editorial de uma tese de mestrado. Isso porque o trabalho de Francisco Valdean lança um olhar revelador sobre uma experiência verdadeiramente inovadora e ainda não tão conhecida quanto deveria ser, sobretudo porque ela marca o início de um processo fundamental ainda em curso: a transição do olhar externo para o olhar interno na Maré. Ou, como o próprio Valdean explicou com maior precisão: a passagem do olhar exógeno do fotojornalismo para o olhar endógeno dos fotógrafos da favela.

Esse processo é importantíssimo porque faculta ao morador das comunidades urbanas o controle da própria imagem — em um movimento paralelo ao que ocorre nas comunidades indígenas —, fazendo com que eles deixem de ser meros "modelos involuntários" de fotógrafos que transitam rápida e superficialmente por essas zonas esquecidas pelo poder oficial para se expressarem eles próprios por intermédio da linguagem fotográfica. Isso na qualidade de cidadãos, capazes de decidir de modo independente e soberano a imagem que desejam passar de si mesmos, das suas famílias, dos seus vizinhos e das suas comunidades. Possibilidade negada a muitos durante mais de século e meio de atividade fotográfica, quando as camadas mais humildes da população mundial não tiveram "voz" na expressão fotográfica e isso não somente em virtude do alto custo dos equipamentos e dos químicos necessários à prática da fotografia, como também por uma espécie de "Síndrome de Natanael", aquele que menosprezou Jesus ao saber que ele vinha de Nazaré, de onde (em sua opinião) nada de bom poderia advir. Ocorre, no entanto, que, como bem adverte o provérbio maliano usado em epígrafe, o estrangeiro só vê aquilo que conhece, de modo que toda e qualquer documentação realizada por um turista ou um viajante (mesmo os profissionais, como os fotojornalistas) jamais será capaz de captar a expressão *genius loci*, o espírito profundo do lugar.

Olhando para trás, percebemos que a primeira reportagem fotográfica sobre uma favela carioca — a extinta Favela da Catacumba, situada às margens da Lagoa Rodrigo de Freitas — foi realizada por um norte-americano, Gordon Parks, para a revista Life: "*A Beaten Family in Rio Slum. Freedom Fearful Foe: Poverty*" (1961). O que feriu inclusive os brios dos editores da revista O Cruzeiro, que enviaram o francês Henri Ballot para registrar a miséria em Nova York em retaliação. Similarmente, o primeiro livro de fotografia sobre o Império do Centro foi obra de um escocês, John Thomson: *"Illustrations of China and Its People, 1873-1874"*. Ao passo que o fim do império e o advento do governo maoísta foram documentados pelo mestre francês Henri Cartier-Bresson para a revista Life, em reportagens depois reunidas no livro "China 1948-1949, 1958". Nos tempos áureos do fotojornalismo europeu e norte-americano (as décadas de 1940, 1950 e 1960), era natural que os *grands reporters* viajassem milhares de quilômetros para produzir reportagens em países estrangeiros, cujos idiomas eles não dominavam e cujas culturas eles não conheciam em profundidade, pois ainda eram poucos os fotógrafos locais. Porém, isso se torna cada vez menos aceitável, já que o público não se satisfaz mais com belas ou impactantes imagens destituídas de real e correto significado. Isso porque, por mais solidário e bem intencionado que seja o fotógrafo não residente, ele jamais poderá compreender determinada comunidade como alguém que nela nasceu ou nela reside. Da mesma forma que, por mais humanos e solidários que sejamos, jamais saberemos o que sentem nas próprias peles as vítimas do racismo, da homofobia e da violência contra a mulher.

Tudo o que foi dito faz com que o presente estudo de Francisco Valdean tenha um interesse todo especial pelo fato de historicizar o surgimento dos fotógrafos da Maré, um dos mais originais e criativos núcleos habitacionais cariocas, em um processo deflagrado a partir de 2004 pela Escola de Fotógrafos Populares, ligada ao Observatório de Favelas, que redundou no projeto Imagens do Povo, revelador de dezenas de talentos locais — graças, sobretudo, ao generoso empenho dos professores João Roberto Ripper, Dante Gastaldoni e Ricardo Funari. Um projeto educativo que pode ser comparado a uma espécie de alforria visual dos moradores da Maré, que passaram a oferecer uma imagem mais autêntica e correta da vida comunitária, em oposição ao tradicional enfoque jornalístico preconceituoso e negativo — ou, na melhor das hipóteses, paternalista. Quem trabalhou em jornal sabe que, de modo geral, a imprensa só se deslocava para as favelas para documentar os processos de remoção, crimes e tiroteios provocados pelo tráfico de drogas e as catástrofes naturais e humanas, como enchentes, desabamentos ou incêndios. É como se a favela, toda e qualquer favela, fosse um território amaldiçoado e esquecido pelas autoridades, salvo nas épocas de campanhas eleitorais. Quando, na verdade, as favelas cariocas constituem um dos mais importantes fenômenos urbanísticos, arquitetônicos, culturais e existenciais do país, congregando em seu conjunto mais de dois milhões de habitantes, o que faria delas a sétima maior cidade brasileira, com uma população equivalente à de Lisboa, capital de nossa matriz colonizadora.

"Imagens da Maré" registra, portanto, um exemplar processo de inserção social mediado pela fotografia, demonstrando como essa disciplina permitiu aos seus moradores a conquista da cidadania plena e a afirmação da importância do indivíduo no quadro social — tanto local, mareense, quanto global, nacional ou internacional. Um trabalho que ganha ainda mais relevo quando se lembra que estudos historicizando movimentos fotográficos brasileiros no novo milênio são ainda pouco numerosos, de modo que o livro de Francisco Valdean já surge fadado a se tornar uma valiosa fonte de referência para os futuros historiadores da fotografia nacional.

Muito poderia ser dito a respeito da documentação fotográfica incluída neste livro — toda de caráter positivo, comprovando que a alegria de viver e o cotidiano pacífico predominam na Maré —, mas nada direi para não estragar o prazer da descoberta dos leitores e leitoras. Assim, gostaria de finalizar ressaltando o mérito do autor, Francisco Valdean, um universitário que não veio de longe para estudar uma comunidade desconhecida, e, sim, um legítimo e antigo residente da Maré, um nordestino (como um quarto dos 140 mil moradores locais) que nela se instalou em 1994 com apenas 15 anos de idade, ali crescendo, casando-se, tornando-se pai e continuando a residir até os dias de hoje. Fotógrafo, professor, pesquisador e curador independente, Valdean é uma das mais ativas personalidades da cultura mareense dos últimos anos, destacando-se como criador e animador do Museu MIIM (Museu da Imagem Itinerante da Maré), o original "acervo histórico-poético de imagens" da favela que não espera passivamente por visitantes, pois, obedecendo ao conselho dado por Milton Nascimento e Fernando Brant, sabe que "todo artista tem de ir aonde o povo está", de modo que se desloca por toda a Maré oferecendo aos moradores o espelho fiel de sua história. Um espelho que ilumina o presente e infunde esperança no futuro.

PEDRO KARP VASQUEZ é escritor, fotógrafo e curador, autor de 30 livros, entre os quais figuram *Dom Pedro II e a fotografia no Brasil*, *Fotógrafos alemães no Brasil do século XIX*, *O Brasil na fotografia oitocentista* e *Dicionário técnico da fotografia clássica* ¾ consideradas obras de referência. Formado em Cinema pela Université de la Sorbonne, é mestre em Ciência da Arte pela Universidade Federal Fluminense e trabalha como editor de não ficção na Editora Rocco. Como administrador cultural, foi responsável pela criação do Instituto Nacional da Fotografia da Funarte, assim como do Departamento de Fotografia, Vídeo & Novas Tecnologias do Museu de Arte Moderna do Rio de Janeiro. Foi ainda diretor do Solar do Jambeiro e é membro titular do Instituto Histórico e Geográfico Brasileiro, do Instituto Histórico e Geográfico de Niterói e do Pen Clube do Brasil.

CENAS INICIAIS

Registro fotográfico da primeira aula prática da Escola de Fotógrafos Populares | Of004637 | FONTE: Acervo de memória do Programa Imagens do Povo | Observatório de Favelas.

DESCRIÇÃO DA IMAGEM: (1) Dyana, (2) Ratão, (3) Anderson, (4) Não Identificado, (5) Não identificado, (6) Diana, (7) Natalia, (8) Não identificada, (9) Luana, (10) e (11) Não identificados, (12) Ismael, (13) Sadraque, (14) Funari, (15) Valdean e (16) Não identificado.

Abro este relato com uma fotografia (Of004637)[1] que registra o exato momento em que nós, alunos da primeira edição da Escola de Fotógrafos Populares (EFP), fomos às ruas da Maré para a aula prática de fotografia pela primeira vez. O dia do acontecimento é impreciso, mas tudo indica que ocorreu no começo do mês de abril de 2004, após dois meses do início daquela turma. Este formato de ação pedagógica ficou conhecido dentro da EFP como "saídas fotográficas", que ocorreram muitas vezes em variadas favelas da Maré.

Naquele dia nos reunimos em frente ao número 26[2] da Rua Guilherme Maxwel (Morro do Timbau) e ali ouvimos as últimas instruções dos professores João Roberto Ripper e Ricardo Funari. Era manhã, um horário previamente pensado por causa da boa luz para fotografar. Eu estava ansioso, por ser a primeira vez que circularia com uma câmera por ruas da favela — a relação entre câmera e favela ainda não era bem resolvida para mim. Estava também apreensivo, não me sentia seguro quanto ao uso técnico do equipamento fotográfico. Até então, eu e meus colegas de turma tínhamos acessado conteúdo teórico sobre técnicas, estética e política. Acerca do aspecto político das imagens, os professores tinham nos colocado em contato com trabalhos fotográficos de grandes nomes da fotografia nacional e internacional.

A primeira turma da EFP era composta, em sua maioria, por moradores da Maré, mas também tinha alunos que viviam na Mangueira, no Santa Marta, na Rocinha, em Manguinhos, na Vila Aliança e no Complexo do Alemão. O curso da EFP era realizado pelo Observatório de Favelas, e havia, por parte da instituição, a intenção política de que cada um dos alunos replicasse a experiência pedagógica em suas respectivas favelas.

1. Of004637: forma de numeração como os arquivos do projeto Imagens do Povo se encontram registrados no acervo de memórias do Observatório de Favelas.

2. Na atualidade, neste número da Rua Guilherme Maxwell funciona o Museu da Maré.

Após as instruções dos professores, seguimos munidos de algumas câmeras por ruas das localidades Morro do Timbau, Baixa do Sapateiro e McLaren. Nesta aula prática fizemos registros de paisagens, ruas e personagens.

Os exercícios fotográficos tiveram início ali mesmo, no número 26 da Rua Guilherme Maxwell. Em seguida percorremos toda a Rua Praia de Inhaúma e seguimos para a favela McLaren, onde algumas famílias viviam em barracos de madeira — foi onde nos demoramos mais. A localidade era a mais recente ocupação da região e remontava às origens da Maré (moradias em barracos de madeiras erguidas às margens de um valão). A precariedade habitacional do lugar chamava bastante atenção. Voltamos outras vezes nesta favela e alguns colegas, ao longo de suas trajetórias como estudantes da EFP, fizeram documentações mais elaboradas e completas das condições de moradias dos habitantes da McLaren.

De lá seguimos para a Linha Vermelha, pois pretendíamos fotografar vendedores ambulantes — muitos moradores da Maré vivem da venda de produtos no trânsito desta via. Ao fotografarmos os trabalhadores, fomos informados por eles da existência de um grupo de pessoas morando embaixo do viaduto da Avenida Bento Ribeiro Dantas[3]. Aquele era um assunto que não estava em nosso roteiro, mas mudamos nossa rota e fomos ao encontro deste grupo de moradores de rua. Chegando ao local nos deparamos com homens, mulheres e crianças, fizemos os contatos necessários e conseguimos permissões do grupo para a realização de alguns retratos e registros das condições do ambiente em que viviam.

Para mim este foi o fato mais impactante que aqueles primeiros momentos de prática fotográfica me proporcionaram. Apesar de circular bastante por ali, eu nunca havia percebido aqueles moradores e, claro, a surpresa maior foi "descobrir" que na Maré também

3. A Avenida Bento Ribeiro Dantas liga o campus do Fundão-UFRJ à Linha Amarela.

tinha população morando na rua. Posteriormente, aquele grupo que vivia na rua se integrou à população da favela McLaren.

No percurso fotográfico pelas ruas do Morro do Timbau, registramos um gari comunitário (of004640) e fizemos muitas imagens das ruas, dos becos e vielas (of004643/of0046).

Nesta primeira aula prática muitas imagens foram registradas, mas apenas um pequeno conjunto consta no acervo de memória fotográfica do Observatório de Favelas. Provavelmente, os registros arquivados são de uma única câmera digital que circulou entre os alunos durante aquela primeira experiência prática, logo, um registro coletivo e sem autoria identificada. As imagens reportam um olhar exploratório, em que os operadores da câmera iam olhando os becos, as pessoas que passavam, as paisagens e os personagens mais marcantes. São registros "ingênuos", olhares curiosos de quem tem pouca experiência no manejo de uma câmera e sai registrando tudo o que surge pela frente sem muito critério técnico e de seleção prévia dos assuntos fotografados.

Em uma aula posterior, as imagens produzidas naquela saída fotográfica foram projetadas e analisadas coletivamente. À medida que as fotografias eram projetadas no telão, as mais diversas manifestações surgiam entre nós, alunos. Os professores (Ripper e Funari) faziam elogios para os acertos e teciam comentários técnicos a respeito de luz, enquadramento e composição. Quando era preciso, os professores davam dicas de como a fotografia poderia ter sido melhor executada. Para os casos em que o registro não era satisfatório, os professores sugeriam que fizéssemos novamente a respectiva fotografia. A expressão "volta lá e faz de novo", cunhada pelo professor Ripper, virou símbolo ilustrativo para as situações em que nossas fotografias precisavam ser melhoradas. Nós relatamos impressões marcantes daquela experiência de campo, como tinha sido o contato com os moradores da favela McLaren e a forma como abordamos os trabalhadores ambulantes da Linha Vermelha. Para todos a impressão mais impactante foi a "descoberta" da existência de moradores de rua na região.

A relação entre câmera fotográfica e favela quase sempre significou denúncia. Circular com câmeras pelas ruas das favelas da Maré era algo inédito e uma situação que atraía bastante atenção; algumas vezes fomos abordados por moradores que queriam saber do que se tratava aquela movimentação em grupo. Mas os moradores também nos chamavam para a realização de fotografias de denúncia ou assuntos que achavam dignos de registros fotográficos.

Recordo-me de que, certa vez, numa das saídas fotográficas, uma moradora da Rua Praia de Inhaúma me solicitou registros da situação de sua residência. A mulher me relatou que ali naquela rua ocorria a realização de um projeto do governo estadual que destinava verbas para a reforma das casas, mas ela não foi contemplada. Não me recusei a fazer o registro, e conforme ela apontava os problemas de sua casa eu os fotografava um a um. A casa tinha problemas no teto, no banheiro, nas paredes e na fachada. Naquele mesmo dia, outros moradores desta rua me solicitaram a realização de fotografias do interior de suas casas, todas com situações semelhantes. Esses moradores também reclamavam que não tinham sido contemplados no projeto.

As imagens que realizei destas casas circularam nos nossos ciclos e canais da EFP, mas nunca tive notícias se, por conta das fotografias, os moradores conseguiram ingressar no projeto de reforma de suas residências.

Nas imagens of004643, of004644 e of004649 o fotógrafo e professor Ripper anda com os alunos por ruas e becos da favela Morro do Timbau.

"Cliques" registrados pelos alunos da EFP na primeira saída fotográfica

Dois ângulos da Rua Praia de Inhaúma, Morro do Timbau.

[of004638]

[of004639]

Alunos da Escola de Fotógrafos Populares em atividade nas ruas do Morro do Timbau, 2004.

[of004643]

[of004644]

O gari comunitário.
[of004640]

[of004649]

AMIGOS DA
COMUNIDADE
PARE
ASSOCIAÇÃO
DE
MORADORES
VISA
DVD-VHS

INTRODUÇÃO AO INVENTÁRIO DAS IMAGENS DA MARÉ

Inventário das imagens da Maré disponível no site Google Imagens.
AUTOR: Francisco Valdean[4].

4. Instalação com minha pesquisa preliminar das imagens da Maré apresentada na exposição "Composições Políticas: outras histórias do Rio de Janeiro", em exibição no Centro Municipal de Arte Hélio Oiticica de 2 de abril a 21 de maio de 2016.

> Caso alguém, por qualquer motivo, empenhasse seu tempo para reunir todo o inventário fotográfico da Maré e encontrasse um meio criativo de expor em um grande mural todo o acervo catalogado, um espectador ao observar este mural a certa distância veria o seguinte: nada![5]

A origem das favelas da Maré: Dona Orosina Vieira, Morro do Timbau

A Maré é um grande bairro popular localizado na Zona Norte da cidade do Rio de Janeiro. Moram na região 140 mil pessoas, segundo dados do Censo Demográfico de 2010[6]. Todo o território compreendido como o bairro[7] Maré é formado por 16 favelas que tiveram diferentes processos de ocupação: algumas das localidades foram ocupadas de forma espontânea pelos próprios moradores, mas a maioria das casas foi erguida através de ações do poder público em diferentes políticas de habitação implementadas nestas favelas.

Segundo a narrativa mais aceita no local, o surgimento da Maré tem início no final dos anos 1930 e nos primeiros anos da década de 1940. O Morro do Timbau é a localidade onde nasceu a Maré.

> Cercado por terrenos alagadiços e mangue, o Timbau era uma região de mata cerrada com árvores centenárias que aos poucos foram dando lugar a construções de casas de estuque — feitas de barro e madeira — nas suas encostas (Abreu; Chagas, 2007, p. 136).

5. Anotação do meu caderno de campo, em 20 de maio de 2016.

6. Instituto Pereira Passos, com base no Censo Demográfico do IBGE (2010).

7. Nº 2119 de 19 de janeiro de 1994. Publicado no Diário Oficial do Município do Rio de Janeiro, edição de 24/01/1994.

O Museu da Maré é uma importante instituição cultural detentora de vasto material da memória e da história locais, na qual encontramos uma narração que demarca um mito de origem do lugar: Dona Orosina Vieira é a personagem fundadora, a primeira moradora.

> Para alguns moradores Dona Orosina encarna o mito fundador da favela. No entanto, esse não é um ponto pacífico. A memória das primogenituras da Maré também está em disputa. Um dos visitantes do museu registrou no livro de "sugestões, impressões, ideias e opiniões": "O museu está lindo, só tenho uma ressalva a fazer, o primeiro morador da Maré é seu Otávio da Capivari (Abreu; Chagas, 2007, p.139).

Em 2017, baseando-se na narração que aponta para o mito fundador e supondo a existência de uma data comemorativa da fundação das favelas da Maré, os mareenses[8] poderiam celebrar o aniversário de 77 anos do bairro. Porém, a fixação de uma data comemorativa de aniversário seria objeto de intensa disputa, como é para o caso do mito fundador, conforme registram Chagas e Abreu na citação anterior. Se para o surgimento da região existe a narração de um mito fundador, a criação do bairro Maré é tratado por quase toda a literatura consultada como uma invenção (Pinto, 2004; Silva, 2006; Silva, 2012).

> Em 1994, o então prefeito Cesar Maia criou, formalmente, por meio de decreto, o bairro Maré. A ideia era o reconhecimento pelo poder público de que a região da Maré estava urbanizada, já possuía equipamentos e serviços públicos, como qualquer outro bairro da cidade (Silva, 2012, p. 64).

8. O adjetivo "mareense" começa a aparecer nas publicações do jornal O Cidadão, como explica André Pinto: "Um termo inventado sem maiores pretensões pelo jornal para se referir ao morador: é a palavra mareense. Dessa forma, o Gato de Bonsucesso na Nova Holanda é uma escola de samba mareense; o lutador de caratê do Pinheiro é um desportista mareense; o músico do Parque União é um artista mareense. Não se tratar da imposição de um rótulo" (Pinto, 2004, p. 134).

Entre os moradores, em geral, persiste a percepção de que a região não poderia ser considerada um bairro, principalmente por não ter as condições de infraestrutura semelhantes às de regiões formais. Mas as três instituições locais de maior atuação e amplo reconhecimento dentro e fora da Maré (CEASM, Observatório de Favelas e Redes da Maré) incorporam em suas narrativas e peças de comunicação o entendimento oficial e reconhecem a região como bairro. Vejamos como a pesquisadora Eliana Silva descreve este processo:

> Essa formalização, feita de cima para baixo — como protestou em entrevista uma moradora de Marcílio Dias —, gerou uma situação de estranhamento para uma parte significativa dos moradores da Maré: eles não perceberam, em suas vidas cotidianas, mudanças do ponto de vista do que seria a representação de seu território de moradia agora identificado como bairro (Silva, 2012, p. 64).

A pesquisadora registra a percepção de uma segunda moradora de Marcílio Dias a respeito do assunto: "Eu não me considero moradora da Maré, não. A minha comunidade é Marcílio Dias. Todas as minhas coisas eu resolvo na Penha, do outro lado da Avenida Brasil. Por que agora eu vou ter de ir à Maré, se é tão longe para nós daqui?". Vejamos o seguinte trecho do livro "Guia de Ruas Maré 2012":

> Em 1994, uma lei municipal criou o bairro Maré, e agrupou comunidades distintas que até aquele momento não se reconheciam como uma unidade. Contudo, apesar de suas especificidades históricas e de suas características próprias, as comunidades que compõem a Maré tinham e ainda têm muitos traços em comum, tais como: as histórias de luta pela permanência em seu lugar de origem, as reivindicações por melhorias e a superação das inúmeras adversidades como a pobreza e o preconceito (Redes da Maré, 2012, p. 64).

André Pinto elabora argumentações semelhantes a respeito do processo de criação do bairro Maré: "A terminologia de bairro foi criação da prefeitura na década de 90 que, sem nenhuma consulta aos moradores, transformou as comunidades da área numa região administrativa" (Pinto, 2004, p. 134).

A literatura que trata do tema da fundação do bairro Maré, em geral, aponta para o fato de que a criação arbitrária da região administrativa explica o sentimento difundido entre os moradores de não reconhecimento do local como um bairro. As favelas são marcadas por processos arbitrários e com as representações visuais não é diferente. Em síntese, o estabelecimento de identidades na favela será sempre um assunto passível de pontos de vistas conflitantes.

Com quantos termos se apresenta/representa as favelas da Maré?

A resposta mais segura para as perguntas do enunciado seria a formulação de outras perguntas sobre quem narra a favela. São os jornais? São as instituições? Ou são os moradores? Ao elaborar algumas soluções para as perguntas, constatei a existência de cinco termos usados recorrentemente para nomear a região. Chego à lista dos termos chaves a partir da observação de abordagens da imprensa, consultas literárias, materiais de comunicação produzidos pelas três instituições locais e da minha experiência e do convívio cotidiano com a linguagem coloquial utilizada pelos moradores. O inventário dos termos-chave são:

1. Complexo da Maré.
2. Bairro Maré.
3. Favela da Maré.
4. Comunidade da Maré.
5. Conjunto de Favelas da Maré.

O emprego de cada um dos termos, referenciados pelos diferentes atores sociais listados, dependerá do contexto e do lugar de quem narra. Refletir sobre essas terminologias e seus usos foi importante para os primeiros passos da construção do objeto deste estudo: o Inventário das Imagens da Maré.

Ao olhar para os termos e seus usos, observamos que a imprensa em suas abordagens adota a expressão "Complexo da Maré". As três instituições locais aqui referenciadas (CEASM, Observatório de Favelas e Redes da Maré), em suas publicações (livros, sites, em materiais pedagógicos ou fílmicos) utilizam predominantemente "Bairro Maré". Na linguagem coloquial, os moradores fazem usos de todos os termos, mas os três mais utilizados são "favela", "comunidade" e "Complexo da Maré". A pesquisadora Cláudia Silva discorre sobre o uso do termo "favela" pelos moradores:

> Durante a década de 1980, houve uma forte participação de moradores em movimentos associativos locais, que organizaram mutirões para a construção de aterros e casas, reivindicaram melhores condições de vida, e pressionaram o poder público para que fossem cumpridas as promessas do Projeto Rio. As lideranças de tais movimentos utilizavam o termo favela em seus discursos como sinônimo de luta, resistência, organização e orgulho (Silva, 2006, p. 130).

É importante observarmos as dinâmicas sociais das palavras que podem receber apropriações por algum tempo, mas também podem sofrer degradações. A este respeito da "vida" ou da "morte" dos termos a pesquisadora Cláudia Silva diz o seguinte:

> A representação da favela presente nos depoimentos dos entrevistados revela que a memória da organização e das lutas dos moradores não foi compartilhada por todos, e não sobreviveu à passagem do tempo. Favela passou a ser sinônimo de "pobreza", "ilegalidade", "marginalidade". Por isso o termo favela é rejeitado e, muitas vezes, substituído por comunidade, que [...] sugere coisa boa.

Os termos "favela", "comunidade" e "complexo" também são registrados pelo antropólogo Marcos Alvito em sua pesquisa realizada na favela de Acari.

> Numa reunião com vários líderes comunitários e moradores, certa moradora, conhecida por seu estilo direto, afirmou: "é favela; comunidade é pra inglês vê". Já "Complexo de Acari" é um conceito vindo de fora e que não serve, de forma alguma, para a construção de uma identidade (Alvito, 2001, p. 53-54).

Quando olhamos os usos dos termos na perspectiva dos moradores nos parece seguro dizer que os atores políticos (imprensa e instituições locais) exercem influências em variados níveis das disputas dos sentidos empregados em cada um dos termos-chave. Neste livro, particularmente, nos interessa verificar esses termos-chave associados às imagens e ao que estas comunicam sobre as favelas da Maré.

Com quais imagens se apresenta/representa as favelas da Maré?

> Sabemos que imagens captam não apenas o olhar sobre determinada realidade, mas também revelam muito sobre a realidade daquele que produz essas imagens (Novaes, 2015, p. 26).

No princípio do percurso desta pesquisa me fiz essa pergunta: com quais imagens se apresenta/representa as favelas da Maré? Numa tentativa de pensar uma resposta possível, elaborei um procedimento onde simulava buscas no site Google Imagens utilizando os cinco termos-chave que havia inventariado. O exercício exploratório em busca das imagens da Maré naquele site me levou a uma coleção inicial de 500 fotografias, sendo 100 fotos para cada um dos termos listados. Utilizei um critério simples: colecionei as 100 primeiras imagens que apareciam nas respectivas buscas. Neste exercício me interessava verificar os temas que as imagens encontradas comunicavam sobre as favelas da Maré.

Em fevereiro de 2016 recebo um convite para falar sobre imagens para um grupo de artistas que realizava uma residência na Maré. Nesta oportunidade compartilhei com o grupo de artistas um pequeno recorte do exercício preliminar de minha pesquisa sobre as imagens da Maré. Naquele mês, acontecia nesta favela a primeira etapa da residência artística "Composições Políticas: outras histórias do Rio de Janeiro". O projeto teria uma segunda etapa e nesta ocorreria uma exposição coletiva, que foi realizada no período de 2 de abril a 21 de maio no Centro Municipal de Artes Hélio Oiticica.

Fiz a apresentação para os artistas da residência no dia 19 de março, no espaço do Galpão Bela Maré. O recorte de imagens compartilhado naquela conferência pertencia ao universo de 500 imagens que vinha colecionando através dos exercícios de buscas que rotineiramente realizava no Google Imagens. Exibi, também, uma outra coleção de dez imagens que vinha chamando de "Cenas fotográficas da Maré". Esse segundo bloco de fotos eu acessava diretamente nos arquivos do grupo de fotógrafos locais, do qual faço parte. Naquela minha fala apresentei as cenas como imagens produzidas a partir do olhar local, um contraponto visual às narrativas das "imagens da violência", categoria que predominava nas buscas do site, principalmente em dois dos termos: "favelas da Maré" e "Complexo da Maré".

Na palestra busquei provocar reflexões a respeito de como as favelas da Maré são mostradas/vistas através do maior site de busca da *web*. O material me parecia relevante como evidência de certos segmentos de discursos visuais empregados pelos jornais ao abordarem estas favelas. A ferramenta de buscas do site é comumente utilizada como fonte primária de informações sobre o lugar e, naquele momento, as fotografias encontradas nas buscas, predominantemente, eram as "imagens da violência". Há poucos meses havia terminado a operação militar São Francisco, a maior e mais duradoura ação militar já realizada nestas favelas, uma operação de guerra que foi fartamente documentada pelo fotojornalismo. A imprensa na época dedicava atenção especial para a ocupação militar. As imagens disponibilizadas no Google são umas das primeiras evidências do Inventário das Imagens da Maré, encontrado por mim neste estudo.

Em 22 de março, dias após a minha participação na palestra, recebi uma mensagem por e-mail dos organizadores da residência artística: Isabel Ferreira me chamava para uma conversa sobre uma possível inclusão de minha pesquisa na segunda etapa da residência.

> Oi Valdean,
> tudo bem? foi ótima sua intervenção no sábado :)
> Como te falei fiquei empolgada em incluir parte da tua pesquisa dentro do nosso processo.
> Vc se anima a dar uma passada pelo Bela e vemos juntos como? Que tal amanhã quarta feira?
> Estamos entre 10h e 17h. [sic]

O encontro com os curadores da residência foi rápido, eles formalizaram o convite e eu prontamente o aceitei. Passei a trabalhar, então, na transformação daquela pesquisa preliminar em uma obra visual que seria exibida ao público na exposição da residência. Construí um grande mosaico com a minha coleção de 500 imagens. Não dei um nome à obra, transformei em perguntas os termos-chave. Queria propor uma experiência visual com aquele amontoado de imagens e esperava algum *feedback* por parte do público, o que talvez me ajudasse nos rumos daquela investigação das imagens da Maré, mas não recebi retorno nenhum. Me conformei ao ler em Roland Barthes (1984, p. 11) a seguinte passagem: "A vida é, assim, feita a golpes de pequenas solidões".

Em 20 de maio, faltando apenas um dia para o encerramento da exposição, voltei ao Centro Municipal de Arte Hélio Oiticica. Fui ao local para realizar registros fotográficos do trabalho, tinha a intenção de guardar o registro como memória para o portfólio deste livro. Enquanto fotografava me deparei com um problema que, a princípio, poderia ser da montagem da obra. O amontoado de fotos formava uma espécie de paredão de imagens e, dependendo da posição que o público assumisse em relação à instalação, não era possível ver absolutamente nada (ver imagem da introdução e anotação de meu caderno da pesquisa).

Aquele breve instante contemplativo que eu experienciei ao fotografar minha obra metaforizava a homogeneização da favela feita pelo grande volume de imagens que eu encontrei nas buscas do site Google Imagens, mas também me acionou as muitas memórias de reportagens dos jornais impressos, televisivos e digitais. Aquele breve instante contemplativo me gerou a seguinte reflexão: a demanda excessiva de imagens da violência parece mesmo ter a função de mostrar muito, mas ao mesmo tempo não mostrar nada.

As fotografias expostas naquele paredão de imagens, apesar de parecerem um caos, continham categorias bem demarcadas: imagens da violência e imagens panorâmicas — muitas tomadas aéreas, mapas e fotos de autoria dos "fotógrafos populares". Enquanto observava a minha obra, fiquei pensando que a discursividade visual repetida sobre a favela, como no caso das imagens da violência, tem viés político. Uma homogeneidade que não reconhece a diversidade cultural existente internamente na favela precisa ser entendida como um ato de representação marcado por intenções políticas. A respeito destas paisagens homogeneizantes, Jorge Barbosa nos fornece a seguinte reflexão:

> Se do Leme ao Pontal não há nada igual no mundo, da Vila Kennedy à Central do Brasil também não há nada igual. A diversidade é a marca do Rio. São muitas as 'cidades do Rio de Janeiro'. Porém cada uma delas é um fragmento de um

> espelho que reflete as demais. Falamos, então, de uma espacialidade diferencial construída por lugares particulares que constituem a cidade como uma totalidade em movimento.
>
> Para o senso comum — reproduzido, geralmente, sem nenhuma crítica pelos meios de comunicações de massa —, vivemos em uma metrópole partida em duas: de um lado, uma cidade e de outro, uma não cidade (as favelas). A partir dessa consideração, multiplicam-se as antinomias, formal e informal, legal e ilegal, civilização e barbárie, ordem e violência. É evidente que tal clivagem expressa um modo de olhar para a cidade que identifica e denomina características como particulares a determinados lugares. Uma forte naturalização das desigualdades se afirma, como se fossem inerentes às pessoas e a seu modo de vida definidos em hierarquias de civilidade e cidadania (Barbosa, 2012, p. 33).

Ao elaborar a apresentação da obra que seria exibida na exposição homônima do projeto da residência artística "Composições Políticas: outras histórias do Rio de Janeiro", me dei conta de que estava diante de imagens fotográficas produzidas por duas bases de discursos visuais, (o fotojornalismo e os fotógrafos populares). O fotojornalismo representa as favelas da Maré a partir de uma demanda política exógena e, nestes termos, a linguagem fotográfica produzida gera discursividades sensíveis de ordem do poder, tal como definiu Pierre Bourdieu ao tratar do poder simbólico:

> O poder simbólico como o poder de construir o dado pela enunciação, de fazer ver e crer, de confirmar ou de transformar a visão do mundo e, deste modo, a ação sobre o mundo, portanto o mundo; poder quase mágico que permite o equivalente daquilo que é obtido pela força (física ou econômica), graças ao efeito específico de mobilização, só se exerce se for *reconhecido,* quer dizer, ignorado como arbitrário. Isto significa que o poder simbólico não reside nos "sistemas simbólicos" [...], mas que se define numa relação determinada — e por meio desta — entre os que exercem

> o poder e os que lhe estão sujeitos, quer dizer, isto é, na própria estrutura do campo em que se produz e se reproduz a crença (Bourdieu, 1989, p. 14-15, grifo meu).

Já o grupo local, os fotógrafos populares, atua produzindo registros fotográficos da vida cotidiana do lugar. O grupo produz um acervo fotográfico que reconhece a diversidade cultural da favela e, assim, materializa um tipo de "imagem do lugar" que, historicamente, é ignorada pela estrutura dos jornais. As fotografias produzidas pelo grupo local tencionam o sentido político das imagens que o fotojornalismo fez e faz sobre as favelas da Maré ao longo de sua história.

Breves considerações sobre o tema da pesquisa

Nos termos desta pesquisa, o objeto de estudo, o Inventário das Imagens da Maré, teve início nos jornais em 1955. Essa é a hipótese que nos serve de guia para pensar as "imagens da Maré" — no sentido de uma comunidade de imagens de autoria dos fotojornalistas e dos fotógrafos populares. Sendo os fotojornalistas autores das imagens fotográficas publicadas pelos jornais, e que lançam um olhar exógeno sobre a favela, e os fotógrafos populares um grupo de moradores agentes de um olhar endógeno.

A pesquisa proposta neste livro é aterrada na minha própria experiência como um dos fotógrafos locais que atuam no sentido cultural da produção de outras imagens da favela. Somos uma geração de profissionais pertencentes ou oriundos do Programa Imagens do Povo, uma experiência educativa iniciada nas favelas da Maré em 2004, liderada pelo fotógrafo documentarista João Roberto Ripper e realizada pela instituição Observatório de Favelas. Nos termos do Inventário das Imagens da Maré, conforme proponho, o grupo de fotógrafos locais é autor das fotografias que aqui chamo de imagens populares — um modo do fazer fotográfico que tem cuidados éticos e preocupações com o registro das atividades cotidianas da vida cultural das favelas da Maré.

A base discursiva (fotojornalismo) produziu as "imagens das remoções", "imagens das palafitas" e "imagens da violência", maior parte do seguimento das imagens fotográficas do Inventário das Imagens da Maré. A respeito das características de uma prática global dos fotojornalistas, recorremos à seguinte observação de Susan Sontag:

> A fotografia sempre foi fascinada pelas opções sociais mais elevadas e mais baixas. Os documentaristas (que não se confundem com aduladores munidos de câmeras) preferem estas últimas. Durante mais de um século, os fotógrafos rondam os oprimidos à espreita de cenas de violência — com uma consciência impressionantemente boa (Sontag, 2004, p. 69).

É importante reforçar que as imagens produzidas pelo fotojornalismo, enquanto discurso visual exógeno, têm a condição norteada por demandas gerais e alheias às reivindicações do local por representações.

As imagens produzidas a partir do local, pelos fotógrafos populares, materializam críticas políticas à base discursiva do fotojornalismo, que olha para as favelas através de demandas de representações gerais, ignorando as demandas locais. Os fotógrafos locais produzem visualidades que levam em conta demandas representativas reivindicadas pelos muitos atores sociais da favela.

Breves considerações sobre o campo da pesquisa

> Marilyn Strathern, ao perceber a realidade etnográfica como algo imaginado, acentua que esta imaginação é o que possibilita uma representação de uma narrativa. Neste sentido, a etnografia assume a metáfora do corpo como estratégia narrativa, uma vez que o corpo é composto por materiais diferentes e, sobretudo, porque o etnógrafo pode somente perceber as coisas por e através deste corpo que habita. Assim, o corpo e o etnógrafo são o meio de compreensão do outro, o que implica uma determinada configuração da representação e da apresentação do eu e do outro no processo de construção da etnografia (Strathern, 1991, p. 55, apud Gonçalves; Head, 2009, p. 7).

O meu lugar como pesquisador: sou um dos fotógrafos populares e morador local. As reflexões geradas neste estudo são marcadas pelas minhas condições. Sou fotógrafo com atuações culturais no território pesquisado e, como morador, tenho experiências e vivências que antecedem o meu interesse de pesquisador. Condições que uma prática de "observação participante" (Malinowski, 1916) precisaria construir para entrar no campo e realizar a etnografia.

Minha entrada na vida social das favelas da Maré, guardado o contexto, se assemelha à experiência registrada por antropólogos ao iniciarem uma pesquisa etnográfica no campo. Cheguei à Maré, localidade da Baixa do Sapateiro, em 1994, quando tinha 15 anos. Eu vinha do Nordeste do Brasil, seguindo o caminho migratório trilhado por familiares que já viviam nestas favelas.

Desde que Malinowski estabeleceu a etnografia como principal metodologia da antropologia, em 1916, a observação participante virou regra dos estudos etnográficos. Nela, o pesquisador procura estabelecer relações, ou seja, precisa forjar formas de entrada no campo com o grupo estudado para obter aceitação e se relacionar socialmente para entender a cultura e traduzi-la de forma satisfatória. Este é o grande objetivo do etnógrafo (Geertz, 1989). Após entrar no universo social do grupo estudado, o etnógrafo precisa relacionar-se com os sujeitos, conforme aponta Marcio Goldman:

> Na célebre Introdução aos *Argonautas*, Malinowski sugere ao etnógrafo que de vez em quando deixe de lado máquina fotográfica, lápis e caderno, e participe pessoalmente do que está acontecendo. É difícil, entretanto, acreditar que Malinowski estivesse dizendo apenas que a observação participante consistiria em "tomar parte nos jogos dos nativos" ou dançar com eles (Goldman, 2003, p. 458).

Clifford Geertz, ao ingressar no campo etnográfico para estudar os balineses, encontrou dificuldades de aceitação por parte dos membros daquele grupo social. A aceitação do antropólogo ocorreu com um incidente, conforme relatos do seu caderno de campo:

> Ser apanhado, ou quase apanhado, numa incursão policial ao vício talvez não seja uma receita muito generalizada para alcançar aquela necessidade do trabalho de campo antropológico — o acordo, a harmonia —, mas para mim ela funcionou admiravelmente. Levou-me a uma aceitação súbita e total, não habitual, numa sociedade extremamente avessa à penetração de estrangeiros (Geertz, 1989, p. 188).

Na Baixa do Sapateiro, onde me estabeleci, precisei buscar aceitação de grupos de adolescentes de minha idade e dos moradores em geral. Não buscava aceitação ao nível de um estudioso, não precisava ser aceito para entender a cultura do grupo e depois traduzi-la, buscava aceitação para poder conviver socialmente com os meus novos vizinhos. A presença de nordestinos na Maré é notória, mas a população "originária" — aquela que nasce no local e aqueles que já se estabeleceram — "resiste" à penetração de indivíduos recém-chegados, ou, pelo menos, manifesta traços simbólicos que demarcam quem "é da favela" e os que "chegam na favela".

Ao chegar à Baixa do Sapateiro recebi um apelido, me chamavam de Pará, e pouco adiantava eu me apresentar com o meu nome

(Francisco Valdean). O grupo se importava apenas com o codinome que tinha me atribuído. Aliás, o apelido que recebi era uma identificação, significava que eu era de "fora da favela" — para o grupo eu era um "paraibano".

Com o tempo compreendi que Pará era um codinome genérico que servia para identificar quem chegava do Nordeste. Aquele nome me colocava, simbolicamente, numa condição externa ao grupo com que eu tentava me relacionar. Conheci muitos outros indivíduos que também receberam o mesmo codinome: Pará. O apelido nos distinguia, nos colocava socialmente na categoria dos de fora da favela, recém-chegados ao território. Tentei algumas vezes reivindicar minha identidade (nome e origem), mas era inútil, o grupo não me ouvia. Desisti, aceitei o apelido a mim atribuído, em nome do bom fluxo da convivência social, e passei até a me apropriar do termo, como no caso em que me interessei pelo aprendizado de instrumentos musicais para a criação de um grupo de pagode com meus colegas da Baixa do Sapateiro e me auto-atribuí o nome de Paragodinho.

No entanto, aquele processo ritualístico não significava, necessariamente, a exclusão total dos espaços sociais comuns, como festas, campeonatos de futebol, idas à praia, criação de grupos musicais, excursões aos fins de semana ou qualquer outra atividade coletiva desempenhada no cotidiano pelos meus novos vizinhos. Em muitos casos eu era convidado a compartilhar estes espaços sociais comuns.

Suponho que, no meu caso, a fotografia foi um elemento de fundamental importância para minha entrada e o trânsito nas redes sociais da Maré, tanto naqueles primeiros momentos, com o grupo da minha rua, quanto na atualidade, com os grupos culturais e políticos diversos.

A sequência de fatos que me leva ao encontro com a fotografia é a seguinte: após três dias morando na Maré, meus familiares conseguiram para mim um emprego de balconista em uma padaria na Rua C4, na Vila dos Pinheiros. O pouco dinheiro que ganhava naquele emprego servia para ajudar minha mãe com as despesas de casa. Certa vez, sobrou um pouco e, com esta sobra de minhas reservas, fui a uma excursão organizada por vizinhos para a cidade de Aparecida do Norte[9]. Naquela viagem comprei uma câmera fotográfica e, com ela, capturei fotografias em quatro rolos de filmes de 36 poses. Dois deles foram revelados e dois foram perdidos. Registrei nestes quatro rolos de filmes algumas cenas da excursão religiosa para Aparecida do Norte, fiz tomadas fotográficas de festas locais organizadas por adolescentes de minha idade na época (entre 15 e 18 anos), e retratei amigos próximos e familiares. Por questões financeiras, não cheguei a revelar e ampliar em papel fotográfico todos os filmes.

Creio que esta câmera representa um elemento importante na minha entrada nos ciclos sociais compartilhados pelos meus novos vizinhos da Baixa do Sapateiro. De algum modo, eu era identificado, também, como "o cara da câmera" ou o "cara que tira fotos". Nos anos 1990, câmeras fotográficas eram uma raridade. Dentre todos os meus novos amigos mareenses, não me recordo de ninguém que fosse a estas festas com câmeras. A seguir, exponho duas fotografias que registrei neste período e no contexto relatado: a primeira foi captada em Aparecida do Norte e a segunda em uma festa na Baixa do Sapateiro.

Sobre a primeira imagem, fiz a tomada fotográfica momentos após a compra da câmera. O registro: duas mulheres no primeiro plano e quatro homens ao fundo, emoldurados por alguns das centenas de ônibus que lotam a cidade de Aparecida do Norte trazendo católicos de todo o Brasil. Na hora exata da captura, um amigo, ao notar que eu fotografava "desconhecidos", chamou a

9. No mês de outubro, por ocasião do dia de Nossa Senhora Aparecida (12, feriado nacional), a padroeira do Brasil, muitos ônibus saem da Maré com destino ao Santuário de Aparecida do Norte, em São Paulo.

Primeiras imagens retratadas por mim.

Aparecida do Norte, 1997/1998. FONTE: Acervo pessoal

Festa americana, Baixa do Sapateiro, 1997/1998. FONTE: Acervo pessoal

minha atenção, dizendo: “Pará! Tu tá doido?”. O restante do diálogo seguiu com comentários dele como “com câmeras fotográficas a gente não tira fotografias de desconhecidos”. Na concepção do meu amigo, as câmeras serviam para registrar nós mesmos ou, no máximo, pessoas próximas a nós. Ele me deu uma espécie de bronca e orientou como eu deveria me portar com uma câmera. Para ele, a minha atitude em apontar a câmera para o outro, um “desconhecido”, não parecia correta.

Daquela viagem restou um acervo de dez fotografias: retratos, tomadas captadas de forma espontânea, e registros no interior do ônibus em que viajamos. Alguns dos meus vizinhos aparecem nestes retratos e eu também fui fotografado: a câmera circulou entre os meus amigos durante a viagem e nesta dinâmica com aquele “brinquedo mágico” que fazia imagens eu os fotografei e eles me fotografaram.

A segunda fotografia aqui exposta é o registro de uma das festas que eu fotografei com aquela câmera. A centralidade do assunto fotográfico são os meus colegas adolescentes da Baixa do Sapateiro se divertindo.

Em 2004, ingressei como aluno na primeira experiência pedagógica ofertada pelo Observatório de Favelas, realizada na Maré através da Escola de Fotógrafos Populares/Imagens do Povo. A partir dessa experiência comecei de forma efetiva a me relacionar profissionalmente com a fotografia e ampliar meu entendimento da linguagem nos seus termos técnicos, estéticos e políticos. Ao propor o objeto Inventário das Imagens da Maré, estou em busca de refletir sobre os usos políticos dessas imagens.

QUADRO INSTITUCIONAL DAS FAVELAS DA MARÉ

O livro "Instituições do Bairro Maré", publicado pelo Centro de Estudos e Ações Solidarias da Maré (CEASM) em 2004, registra 144 instituições em atividade nas favelas da Maré naquele ano: 26 creches e escolas de ensino fundamental; 21 organizações governamentais e não governamentais; 18 associações de moradores; 11 unidades de saúde[10]; e 68 instituições religiosas. Atualmente estes números são muito maiores: são por volta de 40 escolas; novos espaços de saúde surgiram, como as Clínicas da Família; e o aumento de igrejas evangélicas é visível.

Neste livro faço referências e uso os dados de três instituições não governamentais locais — CEASM, Observatório de Favelas e Redes da Maré — que têm significativas atuações no reforço das identidades[11] culturais do bairro e realizam uma produção expressiva de dados históricos sobre o lugar, além de fomentarem ações de preservação da sua memória. As referidas instituições desfrutam de relativo reconhecimento social local por oferecerem para a população uma variedade de serviços. Todas têm enorme capacidade de atuação dentro e fora da Maré.

O CEASM foi a primeira instituição que surgiu no cenário social, cultural e político local, é o responsável pela criação do Museu da Maré, projeto que guarda e difunde um acervo de grande importância para a memória e a história da região. Claudia Silva descreve o seguinte a respeito da criação da instituição:

10. Após a publicação do livro "Instituições da Maré", foi criada uma UPA (Unidade de Pronto Atendimento) e os postos de saúde foram reconfigurados. Surgem as Clínicas da Família.

11. As três instituições reivindicam uma transformação da "imagem" que, em geral, se faz da região, imagem da carência. Elas propõem que a Maré pode e deve ser vista também por suas potencialidades culturais.

> Essa organização não governamental foi fundada em 15 de agosto de 1997, por um grupo de moradores e ex-moradores da Maré que, tendo chegado à universidade e militando no movimento social, se reuniu para desenvolver um trabalho sistemático de intervenção na realidade local, a partir de projetos relacionados à educação e à cultura (Silva, 2006, p. 147).

A segunda instituição a surgir na Maré é a OSCIP (Organização da Sociedade Civil de Interesse Público) Observatório de Favelas, que criou e mantém o projeto Imagens do Povo. A OSCIP foi criada no ano de 2001, segundo informações de sua página na internet:

> O Observatório de Favelas surge em 2001, como um programa do Instituto de Estudos do Trabalho e Sociedade (IETS), com atividades apoiadas em dois eixos: pesquisa e formação, inicialmente na perspectiva de produzir conhecimentos que permitissem um novo olhar sobre as favelas e outros espaços populares (Observatório de Favelas, 2017).

A instituição Redes da Maré foi formalizada no ano de 2007 e tem atuação semelhante às demais listadas. Alguns dos fundadores do Observatório de Favelas e da Redes da Maré também participaram da fundação do CEASM. As instituições têm em comum a origem e a atuação voltada para as favelas da Maré. Neste livro recorro às publicações realizadas pelas três sobre a história e a memória do bairro.

O Programa Imagens do Povo

O Programa Imagens do Povo é definido pela instituição que o criou, o Observatório de Favelas, como um projeto que, além de desenvolver documentações fotográficas, atua no campo de ensino da fotografia e na articulação de um acervo (Banco de Imagens) com fotos dos territórios populares favelados da cidade do Rio de Janeiro.

Sua atuação ocorre através da seguinte estrutura: a) Escola de Fotógrafos Populares (EFP), onde é realizada a formação técnica e política dos fotógrafos; b) Banco de Imagens, no qual pode ser encontrada a produção dos fotógrafos formados pela EFP — atualmente o acervo fotográfico do projeto é de cinco mil imagens catalogadas; c) Agência Imagens do Povo, que atua na organização de exposições e livros, realizando pautas fotográficas e os trâmites necessários para a cessão de direitos autorais em diversas publicações.

O Imagens do Povo não é uma experiência isolada. Nos anos iniciais da década de 2000, surgiram no Rio e em outras cidades do país projetos similares. Os grupos geralmente apresentam o seguinte perfil: 1) se relacionam com um dado território de pertencimento; 2) questionam a forma de abordagem discursiva praticada pelo fotojornalismo sobre seus territórios de pertencimentos; 3) propõem com suas ações de registros fotográficos outras formas de abordagens visuais sobre os territórios reivindicados.

No campo da antropologia o tema foi pesquisado por Fabiene Gama e Thiago Carminati, ambos abordam os grupos como produtores de autorrepresentação. Vejamos o que diz o antropólogo a este respeito:

> Se a autorrepresentação fotográfica dos "favelados" pode significar uma nova chave para superação da lógica dicotômica por meio da qual a favela é representada, classificada e entendida, apenas com a circulação dessas "imagens de si" num espaço cada vez mais amplo (na cidade), isto é, com a inclusão visual, essas imagens poderão se tornar imagens

> capazes de afetar o "mundo". Por isso, os projetos de inclusão visual (através da fotografia e do vídeo) precisam de investimentos constantes para transpor, assim, o caráter intermitente dos projetos sociais, fazendo atingir um patamar que venha garantir ações continuadas no tempo e no espaço. Igualmente, as experiências bem-sucedidas devem ser tomadas como exemplo. Entre os projetos mais bem sucedidos, tem-se a experiência da Escola e Agência Imagens do Povo (Carminati, 2008, p. 67).

Em 2004, o antropólogo Milton Guran realizou a primeira edição do FotoRio — Encontro Internacional de Fotografia do Rio de Janeiro, e Fabiene Gama registrou em seus estudos etnográficos os grupos que participaram do encontro:

> No 1º Encontro sobre inclusão visual do Rio de Janeiro (2004) estiveram presentes representantes de dezesseis grupos, entre eles: Foto Ativa (Pará), Observatório da Imagem, Olha Aqui (Paraná), Alto Retrato (Rio de Janeiro), Sensibilização do Olhar, Olho Vivo (Paraná), Arte em Lata (Rio de Janeiro), Observatório Arte Fotográfica (Pernambuco), Casa das Artes da Mangueira (Rio de Janeiro), Olhares do Morro (Rio de Janeiro), Nosso Olhar (Rio de Janeiro), Viva Favela (Rio de Janeiro), Escola Popular de Fotografia (Rio de Janeiro), Rede de Trabalho e Educação da Maré (Rio de Janeiro) e Oficina de Imagem e Comunicação — CEASM (Rio de Janeiro). Destes, nove eram do estado do Rio de Janeiro. Em 2005 também foi criada no Rio de Janeiro a Escola Popular de Comunicação (Gama, 2006, p. 60/61).

O Imagens do Povo nasceu, então, como proposta de desenvolvimento de documentações fotográficas críticas da histórica abordagem do fotojornalismo, que narra as favelas pelo viés de violência, carência socioeconômica, ilegalidade e informalidade. No modo de narração dos jornais, os fazeres socioculturais das favelas não têm espaço de representações reivindicadas pelos moradores.

É nesta conjuntura política (visual) que os fotógrafos populares, grupo formado a partir da experiência do projeto Imagens do Povo, atuam na produção de imagens fotográficas que abordam a vida cotidiana e a diversidade cultural na Maré.

Cenas Fotográficas da Maré

As fotografias apresentadas nas páginas a seguir são situações imagéticas elaboradas por quatro fotógrafos populares. Com a curadoria desta coleção de fotos tenho a intenção de refletir criticamente sobre os aspectos da representação visual produzida pelo grupo de fotógrafos locais. As cenas I, II, V, VII e VIII são de minha autoria e as demais são de autoria dos fotógrafos Ratão Diniz (III), Elisângela Leite (IV) e AF Rodrigues (VI). Este último fez uma reflexão sobre o seu fazer fotográfico:

> Alguns teóricos podem dizer que a fotografia tende a ser um exercício solitário do ato de capturar o mundo. Isso não cabe ao meu fazer fotográfico, pois quando fotografo trago comigo minha mãe dona Penha, já falecida, meu pai e sua dureza na luta pelo pão de cada dia, trago meus amigos mais íntimos e meus amores vividos, minha cadela e parceira de infância Paloma, meus queridos irmãos (Observatório de Favelas, 2014, p. 132).

Um aspecto estruturante da documentação feita por este grupo de fotógrafos é aquele que registra a vida cotidiana da favela, principalmente os assuntos que são próximos aos autores. O fotógrafo Ratão Diniz elabora o seu modo de fotografar da seguinte maneira:

> Percebi que, no fundo, o que fotografo são lembranças, reais ou construídas, e que a minha busca é por situações e personagens que projetem esse imaginário. No Imagens do Povo estamos sempre afirmando fotograficamente a nossa identidade e compromisso com a nossa história (Observatório de Favelas, 2014, p. 133).

[MOSAICO] Cenas fotográficas da Maré
Resumo visual das cenas fotográficas da Maré
[I, II, III, IV, V, VI, VII, VIII]

EZA

Ratão se formou na primeira leva de fotógrafos da EFP e foi um dos membros ativos do projeto Imagens do Povo até o ano de 2014.

Vejamos como a fotógrafa Rosilene Miliotti olha para sua produção:

> Documentar a vida na Maré é fotografar a explosão de felicidade da virada do ano e estar preparado para registrar a tristeza de uma chacina. Dizer que na favela tudo é lindo é utopia, mas aqui também tem vida, solidariedade e alegria, além das notícias sobre a violência e ausência. Tem muito mais presença do que falta. E se não tem, a alegria se junta e passa a ter. Ainda não me recuperei da noite do dia 24 de junho de 2013, quando policiais do Bope mataram nove pessoas, a maioria de jovens negros, após a morte de um sargento no Parque Maré. Na manhã seguinte, o que vimos eram pessoas assustadas pelas ruas, sangue, cápsulas, marcas de tiros, ódio e dor das famílias das vítimas. Fotografar é dar o papo, passar a mensagem mesmo que algumas cenas sejam fortes e injustas demais, até porque sei que logo depois irei esbarrar no sorriso de uma criança pedindo para ser fotografada (Observatório de Favelas, 2014, p. 133).

A documentação dos fotógrafos populares é fortemente marcada pela busca do registro da "vida cotidiana", uma modalidade de fotografia que confronta as imagens da violência, o tipo de imagem veiculada rotineiramente nos jornais e que recebe críticas por ser uma representação "problemática" da favela, na perspectiva do grupo de fotógrafos da Maré. A violência não é ignorada pelos fotógrafos populares, que também fazem sua representação do tema, conforme o relato da fotógrafa Rosilene Miliotti — a violência documentada a partir da favela aparece nas cenas V e VII.

A coleção de fotografias deste capítulo é composta por imagens que circulam em exposições, publicações, portais de internet, livros e perfis de redes sociais dos seus autores. Em alguma medida, são fotos reconhecidas pelo público. As cenas apresentadas narram situações da vida sociocultural da favela: um chá de bebê, uma reunião de amigos no beco para assistir a uma partida de futebol pela TV, atividades de banho em piscinas de plástico instaladas nas ruas, e situações de violações de direitos básicos causadores de violências contra a população das favelas da Maré. Estas são as paisagens efetivadas nos registros dos fotógrafos populares.

Agora, exibo e comento as oito fotografias que creio exemplificar o modo do fazer fotográfico dos fotógrafos populares. Chamo estas imagens de Cenas Fotográficas da Maré, registros feitos de 2004 a 2015. Esta coletânea de fotografias se inscreve neste livro no contexto do inventário das imagens populares.

FOTO: Francisco Valdean

CENA I

Eu descia a rampa de acesso de um dos prédios do CEASM quando vi a Cena I: um jovem de pernas para o alto em uma laje de um dos prédios anexos da instituição. Tomado pelo impulso, saquei a minha câmera da mochila e fiz um clique. A cena durou apenas o tempo suficiente para a realização da captura de uma única foto e imediatamente a situação se desfez. Se eu tivesse errado a exposição, não teria tido uma outra chance para fazer a fotografia. Após fazer o clique me dirijo até a laje para saber o que ocorria e verifico que se tratava de um grupo de adolescentes ensaiando passos de *hip-hop*, eles eram alunos de um dos projetos socioeducacionais desenvolvidos naquela instituição.

Sobre as condições em que um fotógrafo faz uma fotografia, Milton Guran diz o seguinte:

> A fotografia se realiza em espaço de tempo muito curto, e esta particularidade resume toda a sua singularidade e complexidade: trata-se de efetuar um reconhecimento antecipado de uma determinada cena, já que o que é visto não é mais foto, uma vez que já será passado no momento do clique (Guran, 2002, p. 102).

CENA II

Na imagem da Cena II tomo como tema o chá de bebê de Adriana, realizado na laje de sua casa no ano de 2007, na favela Baixa do Sapateiro. O enquadramento da fotografia narra em primeiro plano o público do chá de bebê e em segundo a paisagem do Morro do Timbau visto a partir da Baixa do Sapateiro.

O chá de bebê de Adriana ocorreu nos moldes tradicionais, com presença apenas de mulheres e crianças. O único convidado homem era eu e numa condição muito específica, a de fotógrafo do evento. A cerimônia é uma importante celebração da chegada do "novo membro" da comunidade e é operada através da oferta de presentes, brincadeiras e comidas.

O ritual é marcado por trocas econômicas. As mulheres convidadas pertencem ao círculo social da anfitriã e levaram presentes para a criança que nasceria dentro de algumas semanas. A maioria dos objetos presenteados são produtos de higiene de que um bebê recém-nascido precisa.

O momento brincante é, simbolicamente, o ponto mais relevante desta cerimônia social: a anfitriã teve seus olhos vendados com um pano e iniciou uma programação de adivinhações, ato que me parece dar significado aos presentes ofertados. Adriana, já com os olhos vendados, começa a tatear os objetos. Ela precisava adivinhar o que tinha no interior de cada embrulho. Os acertos e os erros da jogadora provocavam no público emoções que eram externadas com risadas coletivas. Quando ela errava na sua jogada de adivinhações, oferecia uma parte de seu corpo para ser pintado com tinta pela convidada que ofertou o presente. No caso de acertos, os papéis se invertiam, a convidada é que se deixava ser tatuada com algum desenho elaborado pela futura mamãe. Os desenhos grafados nos corpos das jogadoras tinham temas variados, que dependiam sempre da criatividade do momento. Às vezes, o público opinava de forma a influenciar o que seria pintado pela vencedora de cada jogada do desafio. Ao fim da brincadeira, Adriana foi quem teve o corpo com maior número de desenhos, talvez por jogar sozinha "contra" todas as convidadas.

FOTO: Francisco Valdean

FOTO: Ratão Diniz

CENA III

A fotografia exposta na Cena III é de autoria de Ratão Diniz, fotógrafo que foi membro ativo do Imagens do Povo de 2004 até 2014.

A fotografia, publicada por Ratão no livro "Imagens do Povo" (Diniz, 2012, p. 84), tem como legenda a seguinte descrição: "Torcedores do Flamengo assistindo pela TV ao jogo em que o clube rubro-negro derrotou o Grêmio por 2 a 1 e conquistou o sexto título brasileiro. Favela Nova Holanda, Maré, 2009".

A cena foi registrada por Ratão no Beco da Alegria, que fica localizado na favela Nova Holanda, onde reside o fotógrafo. O futebol é uma prática que mobiliza as favelas e como tema fotográfico aparece em muitas fotos de Ratão.

CENA IV

A foto da Cena IV foi tomada em um beco da favela Nova Holanda e é de autoria da fotógrafa Elisângela Leite. Na época da captura da imagem, em 2015, a fotógrafa atuava no grupo Imagens do Povo e no jornal Maré de Notícias[12]. O registro foi exibido em 2016 numa mostra fotográfica na galeria London's Horniman, na cidade de Londres.

Em "NÓS"[13], segundo livro do Observatório de Favelas sobre fotografia, Elisângela Leite já havia publicado uma foto com o mesmo tema do banho de piscina na rua.

---

12. O Maré de Notícias é um jornal local mantido pela instituição Redes da Maré.

13. O livro "Nós — um ensaio do Imagens do Povo" é composto por 109 fotografias de autoria de 33 fotógrafos populares. A obra foi publicada pelo Observatório de Favelas em 2014.

FOTO: Elisângela Leite

FOTO: Francisco Valdean

CENA V

Captei a Cena V em 20 de setembro de 2009, dia em que moradores da Maré realizaram um protesto ecumênico que percorreu ruas das favelas Vila do João, Vila dos Pinheiros, Conjunto Esperança e Salsa e Merengue. O objetivo era chamar atenção para a violência que ocorria nestas favelas. Naquele ano, em decorrência de disputas armadas entre grupos locais pelos pontos de venda de drogas, os conflitos atingiram também as favelas Baixa do Sapateiro e Morro do Timbau.

A Vila do João era a região mais afetada, onde havia maior resistência do grupo que até então tinha o controle da localidade, e os confrontos com armas de grosso calibre atingiam a população de forma dramática.

Instituições como a Redes da Maré, associações de moradores e igrejas estiveram presentes no ato — em peso, os fiéis da Paróquia São José Operário seguiam o Padre João. Os grupos citados tiveram representantes fazendo uso do microfone durante o protesto. A manifestação saiu da Vila do João, passou pelas favelas Conjunto Esperança e Salsa e Merengue, e se encerrou no local de partida, na Vila do João.

CENA VI

> Considerando o perfil sócio-urbanístico, a favela é um território de edificações predominantemente caracterizadas pela autoconstrução, sem obediência aos padrões urbanos normativos do Estado. A apropriação social do território é configurada especialmente para fins de moradia, destacando-se a alta densidade de habitação das suas áreas ocupadas e de sua localização em sítios urbanos marcados por alto grau de vulnerabilidade ambiental. A favela significa uma morada urbana que resume as condições desiguais da urbanização brasileira e, ao mesmo tempo, a luta de cidadãos pelo legítimo direito de habitar a cidade (Observatório de Favelas, 2009, p. 97).

O fotógrafo AF Rodrigues produz uma documentação visual onde reflete sobre os aspectos culturais e as dinâmicas de sociabilidade ocorrida nas lajes dos moradores da favela Nova Holanda. Em 2017, enquanto trabalhava na curadoria da imagem da Cena VI, testemunhei duas situações que creio sintetizarem uma mudança significativa no processo de construção das edificações das favelas da Maré. Descrevo de forma genérica as situações protagonizadas por dois vizinhos, que aqui chamarei de vizinhos A e B.

Meu vizinho A precisou construir a laje de sua casa e seguiu o seguinte procedimento: mobilizou quatro amigos para a realização da obra. O trabalho começou nas primeiras horas do dia. Os cinco homens viraram todo o concreto na rua e transportaram o material em pequenos baldes até o alto da construção. Como a laje do meu vizinho A era pequena, não media mais que vinte metros quadrados, por volta das 15h todo o trabalho tinha acabado e os homens encerraram o ritual com a degustação de uma deliciosa costela com agrião preparada especialmente para aquela ocasião.

A segunda situação: estaciona na porta do meu vizinho B um caminhão betoneira, dois homens desembarcam do veículo, instalam mangueiras, ligam os motores, e bombeiam algumas toneladas de concreto até o alto da construção de três andares. Em menos de duas horas os dois homens haviam colocado uma laje de quarenta metros quadrados. O vizinho B paga pelo serviço prestado, os homens desmontam todos os equipamentos, ligam o motor do caminhão e vão embora, sem almoço coletivo, sem confraternização. Esta parece ser uma situação cada vez mais comum nas favelas da Maré.

A cena da construção da laje fotografada por AF Rodrigues e a que testemunhei com meu vizinho A são cada vez mais raras. O que fez meu vizinho B pagar uma empresa para realizar a colocação da laje de sua casa demonstra uma mudança cultural envolvendo as construções na Maré. A prática coletiva das feituras das lajes foi por muito tempo um símbolo do trabalho em mutirão e uma síntese da solidariedade praticada entre os moradores. As lajes seguem sendo parte importante da vida social da Maré e o trabalho de AF Rodrigues reconhece essas dinâmicas culturais. Entre os assuntos registrados pelo fotógrafo estão o banho de mangueira, a realização de churrascos, os jovens empinando pipas, a secagem de roupas e muitas outras atividades coletivas.

FOTO: AF Rodrigues (Cleber faz obra na laje. Nova Holanda, Maré, 2008)

FOTO: Francisco Valdean

CENA VII

Rua Dezessete de fevereiro, 18 de abril de 2009, Baixa do Sapateiro. Naquele dia, os moradores se reuniram para realizar um protesto em memória de Felipe dos Santos, um rapaz de 15 anos morto por policiais na manhã do dia14 de abril.

O jovem era muito querido por todos os vizinhos, que, imediatamente, reagiram à morte de Felipe com protestos espontâneos. Os manifestantes fecharam a Linha Vermelha, mas foram duramente reprimidos pela Polícia Militar (PM-RJ). No dia do enterro, familiares e amigos mais uma vez tentaram se manifestar pacificamente, desta vez na Avenida Brasil, e novamente foram reprimidos.

Em 18 de abril, após quatro dias da morte do rapaz, seus familiares, com a ajuda de instituições locais como o CEASM, a Associação de Moradores da Baixa do Sapateiro e o bloco carnavalesco Se Benze que Dá, realizaram um protesto que fechou as duas faixas laterais da Avenida Brasil. O cortejo seguiu por ruas internas da Baixa do Sapateiro e do Morro do Timbau.

Um caso de violência semelhante havia ocorrido em 1º de outubro de 2006. Neste dia a vítima foi uma criança de três anos, como relata a pesquisadora Eliana Sousa e Silva em seu livro "Testemunhos da Maré":

> Já passava de meio-dia e meia quando surgiram, de modo abrupto, na rua Principal principal de Nova Holanda, duas viaturas tipo "Blazer" da Polícia Militar, mais conhecidas como "camburões". Apesar de não haver qualquer sinal de problemas no local, as viaturas passaram velozmente, atirando a esmo e cantando os pneus. As pessoas estavam reunidas na rua: algumas conversando, como era o meu caso, outras jogando baralho ou fazendo churrasco na porta de casa naquele domingo de eleição. Todos se assustaram e correram para buscar abrigo nas casas ou comércios mais próximos. Consegui me abrigar numa farmácia e, de lá, assisti a uma cena dramática: uma criança de 3 anos de idade, agarrada à mão da avó, foi atingida na barriga por uma bala justamente no momento em que os policiais passaram atirando sem olhar para o que havia na frente (Silva, 2012, p. 20).

CENA VIII

Uma pequena plateia se forma ao redor de três meninos que disputavam uma batalha de passinho de funk. A Cena VIII aconteceu na Rua Oliveira, na Baixa do Sapateiro, em 2013. Na fotografia registrei um momento festivo da rua.

Em 2015, por ocasião das comemorações de dez anos de existência do Programa Imagens do Povo, a instituição Observatório de Favelas realizou inúmeras atividades comemorativas, dentre as quais uma exposição fotográfica chamada "NÓS". Esta mostra era composta por fotografias do livro homônimo, que também foi lançado naquele ano. A foto em questão foi publicada no livro (página 130) e exibida no Galpão Bela Maré. Ao fim da exibição da mostra "NÓS", fiz a doação da imagem para os moradores da Rua Oliveira e a obra foi instalada na parede de um dos bares locais, onde se encontra em exposição permanente até os dias atuais.

FOTO: Francisco Valdean

ENSAIOS FOTOETNOGRÁFICOS DE ATIVIDADES CULTURAIS DA MARÉ

> Uma narração fotoetnográfica deve se apresentar na forma de uma série de fotos que estejam relacionadas entre si e que componham uma sequência de informações visuais. Série de fotos que deve se oferecer apenas ao olhar, sem nenhum texto intercalado a desviar a atenção do leitor/espectador. Essa precaução não impede que certas informações escritas possam ter sido anteriormente dadas àqueles que vão mergulhar na narrativa visual, isto é, a justaposição dessas duas formas narrativas é possível e mesmo desejável, mas é importante notar que o ideal seria que cada tipo de escritura fosse oferecido ao leitor separadamente, de forma que cada uma conservasse todo o seu potencial (Achutti, 2004, p. 109).

Os registros fotográficos expostos neste capítulo correspondem a uma fase aplicada da pesquisa de campo utilizando o conceito fotoetnografia (Achutti, 2004). Foram realizadas de outubro de 2015 a março de 2017 e são aqui apresentadas em pequenos ensaios fotográficos. Luiz Achutti, autor do conceito fotoetnografia, nos diz o seguinte a respeito da linguagem fotográfica e seu contexto de realização pelos fotógrafos:

> As fotografias são recortes arbitrários, traduções da realidade. Suas margens delimitam as escolhas feitas pelo fotógrafo para demarcar o tempo e o espaço; elas são resultado de um só gesto, um gesto último e definitivo, aquele de apertar o disparador; é um ato intencional determinado pelo ponto de vista particular daquele que olha e adota uma certa posição frente à realidade. Uma fotografia é a materialização de um olhar, é o discurso de um olhar (Achutti, 2004, p. 111).

Tanto os personagens como os cenários socioculturais fotoetnografados me eram familiares. Eu tinha conhecimentos prévios como morador, então em alguns casos coube a mim refazer estes percursos conhecidos como um exercício de pesquisa, deste modo os registros fotográficos propostos se inscrevem tal como observa Milton Guran:

> A percepção dos acontecimentos visando a sua tradução em imagens requer um certo tipo de interação com a realidade que é condicionado pelas necessidades específicas do ato fotográfico. Ao cientista social não se pede que abandone sua condição de pesquisador — isto é, seus resumos científicos — para se tornar um "artista" — ou seja, alguém que está exclusivamente voltado para a expressão pessoal. Entretanto, o pesquisador-fotógrafo precisa se colocar em um certo "comprimento de ondas" em face dos acontecimentos, de modo que o raciocínio possa, por um momento, ceder a primazia à sensibilidade e à intuição. Essa especificidade do ato fotográfico condiciona o trabalho de campo (Guran, 2002, p. 103).

Os ensaios fotoetnográficos têm início com os registros fotográficos que fiz do casal Severino e Antônia, moradores da localidade Parque Maré. Cheguei nestes personagens a partir da mediação do produtor cultural Henrique Gomes, autor do projeto fotográfico Interiores da Maré[14], desenvolvido em parceria com o fotógrafo italiano Antonello Veneri.

Nesta etapa aplicada da pesquisa também documentei dois desfiles carnavalescos dos blocos Magia do Samba e Gargalo da Vila, apresentações de grupos de festas juninas, e uma performance artística (transformista) conhecida no local como "show gay", atividade muito comum nas noites de entretenimento das favelas da Maré. Fotografei, ainda, uma apresentação do grupo musical Los ChiviTos e uma Roda Cultural. Em resumo, apresento nestes ensaios fotoetnográficos o modo como os moradores da Maré ocupam as ruas com atos artísticos, festivos e políticos.

14. Interiores da Maré é um ensaio fotográfico desenvolvido na região pelo produtor cultural Henrique Gomes e pelo fotógrafo italiano Antonello Veneri. O projeto conta com 100 fotografias de moradores registrados no interior de suas casas.

Encontro com Henrique

Os fatos que narro a partir daqui ocorreram mais ou menos na seguinte ordem: uma semana antes de minha ida a campo para a realização do primeiro ensaio fotoetnográfico tive um encontro fortuito com Henrique no Observatório de Favelas. Ele é um amigo de longa data, que sem qualquer planejamento prévio de minha parte, acabou tornando-se um importante interlocutor da pesquisa, papel que desempenhou com muita generosidade. Henrique é conhecido na Maré pela sua atuação em produções artísticas e culturais. No encontro, meu amigo me atualizou de suas últimas atividades profissionais e eu lhe falei da minha dedicação para este livro, um diálogo semelhante a muitos outros que tenho com ele pelas ruas da Maré.

Naquele momento, Henrique estava empenhado na realização de uma mostra fotográfica no galpão Bela Maré[15], onde ele e o fotógrafo Antonello apresentavam um pequeno recorte do material fotográfico que haviam produzido no contexto do projeto Interiores da Mar". Naquele encontro fiquei sabendo de detalhes da mostra fotográfica que se encontrava exposta em dois ambientes — a mesma seleção de imagens estava em exibição na galeria do Galpão Bela Maré e em ruas da favela.

Henrique me informou que dentro de poucos dias desmontaria a exposição e entregaria as obras impressas aos personagens fotografados. Achei que o tema poderia ser interessante para compor um dos exercícios fotoetnográficos que eu planejava produzir nesta etapa do estudo. Expus ao meu interlocutor o interesse em acompanhá-lo e registrar em fotografias o processo de devolução das imagens aos personagens retratados. Ele concordou com a proposta

15. Fotografias do projeto Interiores da Maré expostas na galeria de arte do Galpão Bela Maré e nas ruas da região.

e, passada uma semana, o encontrei no Galpão Bela Maré e dali seguimos ao encontro dos personagens. A programação incluía três visitas: a primeira na Nova Holanda, onde visitaríamos dona Maria Vitória; a segunda no Parque Maré, localidade em que visitaríamos o casal Severino e Antônia. A terceira e última visita ocorreria na favela da McLaren, a um segundo casal, Luiz e Tânia. Me detenho aqui na narrativa do encontro com o casal Severino e Antônia por ser o mais significativo para pensar o problema das "imagens da violência", uma das preocupações deste livro.

Encontro com Antônia e Severino[16]

> A fotografia tem se mostrado bastante eficaz no estudo das relações sociais em que os indivíduos se definem através da linguagem gestual. É neste campo que a fotografia como instrumento de pesquisa apresenta toda a sua capacidade "inquiridora" quando apresentada às pessoas fotografadas, cumprindo o papel de perguntas (instrumento-chave). Ela contém um inventário complexo e revelador de elementos sempre vistos com interesse por aqueles que nela estão representados (Guran, 2002, p. 107).

Ao chegarmos à casa do casal, Henrique gritou o nome de Severino, que atendeu do segundo andar da residência e pediu que aguardássemos um pouco. Passados alguns minutos, ele desceu e nos recebeu com a gentileza e a boa vontade com que todo nordestino recebe uma visita.

Henrique informou a Severino que estava ali para entregar a ele a fotografia impressa do projeto Interiores da Maré, conforme já havia

16. Neste capítulo alguns nomes dos personagens precisaram ser substituídos por nomes fictícios.

lhe adiantado em uma conversa por telefone. Também explicou a minha presença e perguntou se Severino autorizava que eu fizesse registros fotográficos daquele momento. Ele autorizou, adentramos a casa — tudo muito apertado — e ainda no primeiro andar seu Severino nos apresentou sua mãe, uma senhora de bastante idade. Ela nos cumprimentou e em seguida dirigiu uma crítica ao filho por estar fumando um cigarro dentro de casa, diante das visitas. A mãe de Severino se encontrava sentada e permaneceu na mesma posição por todo o tempo em que estivemos naquele cômodo.

Dali seguimos por dois lances de escadas apertadas e bastante inclinadas, que nos levaram para o último andar da casa, onde fica a cozinha. Ali finalmente conheci dona Antônia. Henrique me apresentou a ela e repetiu o procedimento que havia realizado com seu Severino momentos antes, explicou a minha presença e perguntou se ela autorizava que eu registrasse em fotografias aquele ato de "devolução" da imagem. Dona Antônia concordou, mas antes fez o seguinte comentário: "Nossa! Henrique, eu estou toda desarrumada. E olha como está minha cozinha. Não olhem a bagunça, tá, meninos?".

Foi ali no espaço da cozinha que Henrique e o fotógrafo Antonello realizaram a imagem editada para o projeto Interiores da Maré, fotografia que o casal recebia naquele dia das mãos de Henrique numa impressão de 2 metros por 1,20.

Passados alguns minutos de nossa presença ali na cozinha do casal, Henrique sugeriu a realização da fotografia óbvia daquele encontro: Severino e Antônia posando ao lado da foto recebida. O casal e eu aceitamos a proposta sem questionar, eles tomaram suas posições de fotografados e eu a minha de fotógrafo. Fiz a foto e continuei fazendo registros mais livres do encontro. Posteriormente, quando analisava as imagens, notei que havia realizado uma fotografia bastante emblemática. No meu registro fotográfico do casal posando ao lado da foto no mesmo cenário em que a fotografia do projeto Interiores da Maré foi capturada, por conta da sobreposição dos cenários, é possível lermos nas imagens as dinâmicas de construção daquela fotografia, pois existe na imagem traços de interferências dos fotógrafos e dos fotografados. Caiuby Novaes (2010) elabora a seguinte reflexão ao falar do que está em jogo no processo de um filme documentário/etnográfico — imagino ser possível transportar este processo para o caso fotográfico aqui narrado e analisado:

> O que está em jogo na realização de um filme documentário e mais especificamente nos filmes etnográficos é também a imagem de si que os sujeitos filmados desejam tornar pública, ou a correção da imagem pública que deles se têm e que a seus olhos parece distorcida (Novaes, 2010, p. 114).

Ainda na casa dos personagens, numa área externa à cozinha, testemunhei uma conversa mais descontraída entre Henrique, Severino e Antônia. Severino inicia o diálogo dizendo: "Henrique, vocês são danados, hein, colocaram nossa foto lá na rua". Henrique sorri e responde: "Sim, seu Severino, você não lembra que lhe avisei"? Dona Antônia intervém: "Henrique, meu filho, nossos vizinhos ficaram preocupados e vieram nos perguntar o que tinha acontecido com a gente. Eles acharam que tinha acontecido alguma coisa de ruim com a gente". Segundo o casal, os vizinhos ficaram preocupados ao saberem que uma fotografia deles se encontrava exposta em uma rua da Maré, achavam que podia ter acontecido alguma violência com Severino.

Os comentários registravam uma reação inusitada dos vizinhos diante da informação de uma fotografia do casal exibida numa rua da região, reação que eles talvez não tivessem previsto ao se deixarem ser fotografados e ao autorizarem o uso de sua imagem no projeto.

O vasto inventário das imagens fotográficas produzidas pelo fotojornalismo sobre a Maré, principalmente o realizado a partir do final dos anos 1980, narra a região como local da violênci. Essa é a imagem mais relevante do Inventário das Imagens da Maré aqui analisado. Este regime de imagens descreve a região como local do perigo, da suspeita, da violência, ou local "Complexo", no sentido de complicado para a segurança pública da cidade. Esta é a imagem preponderante no imaginário do Rio de Janeiro sobre a Maré e, suponho, impacta o imaginário dos moradores locais sobre si mesmos. Caiuby Novaes (2015) nos chama atenção para o fato de que "cada imagem carrega em si própria muitas outras imagens que 'estão fora de seu campo' e ao mesmo tempo incorporadas a ela".

Para os vizinhos, a notícia de que estava exposta uma imagem do casal num muro da favela só podia significar algum ato de violência sofrido por Severino ou Antônia, afinal, a imagem pública da população de favelas aparece de forma rotineira no noticiário na categoria da violência.

No local da foto exposta do casal Severino e Antônia

Terminado o registro das entregas das fotografias aos personagens, fui com Henrique ao local em que a imagem do casal se encontrava exposta, na Rua Bitencourt Sampaio, esquina com a Rua Principal, na Nova Holanda. Eu tinha intenções de realizar registros fotográficos *in loco*, principalmente por querer entender melhor as reações dos vizinhos do casal à foto exposta. Demorei uns 20 minutos elaborando algumas tomadas fotográficas da rua e da imagem exposta.

Quando considerei que o registro era suficiente, resolvi convidar o Henrique para tomarmos um pouco de água num bar que fica em frente de onde estava exposta a fotografia de Severino e Antônia. Aquele dia fazia bastante sol e tínhamos andado um bocado pela Maré. Pedimos a água ao dono do bar e ficamos ali no interior do estabelecimento nos refrescando. De onde estávamos dava para ver a foto exposta na parede do outro lado da rua. Instantes depois de nos atender, o dono do bar me dirigiu a seguinte pergunta: "Você poderia me explicar o que significa esta imagem colocada ali na parede?"

Olhei para o Henrique na esperança de que ele elaborasse a resposta ou, pelo menos, fizesse algum gesto que me autorizasse a responder. Ele era o autor da imagem, o produtor da ideia e do significado; eu apenas o acompanhava com interesse de observar e sintetizar em fotografias aquele *feedback* do autor com os fotografados. Como Henrique não iniciou a resposta nem fez nenhum gesto que me autorizava a falar da fotografia, fui mais direto perguntando se podia responder à pergunta feita pelo dono do bar. Henrique me autorizou com um "sim, claro".

Comecei explicando quem era o casal que aparecia na fotografia e o contexto pelo qual estava numa imagem exposta naquela esquina. Continuei falando do sentido do projeto Interiores da Mar": disse que a foto estava ali na parede para mostrar moradores "comuns" no interior de suas residências; a ideia do projeto seria mostrar outras imagens da Maré além das rotineiras que retratam só a violência dos tiroteios e dos conflitos, e que dentro da vasta complexidade da região outras imagens são possíveis. Fui interrompido no meio do meu discurso com o seguinte comentário: "Legal, se eu soubesse disso teria explicado para todas as pessoas que vinham aqui no bar me perguntar sobre esta imagem. Eu dizia apenas que tinham vindo umas pessoas aí e colado a imagem na parede, mas não sabia do que se tratava, fiquei até meio curioso na época[17], mas resolvi não perguntar pra ninguém".

Deixemos de lado por alguns instantes as questões relativas à fotografia do casal Severino e Antônia para vermos a argumentação realizada por Roland Barthes a respeito do que em geral mobiliza uma fotografia:

17. O homem se referia à data em que a imagem foi instalada por Henrique e Antonello na parede da rua.

> Observei que uma foto pode ser objeto de três práticas (ou de três emoções, ou de três intenções): fazer, suportar, olhar. O *Operator* é o fotógrafo. O *Spectator* somos todos nós, que compulsamos, nos jornais, nos livros, nos álbuns, nos arquivos, coleções de fotos. E aquele ou aquela que é fotografado é o alvo, o referente, espécie de simulacro [...] que de bom grado eu chamaria de *Spectrum* da Fotografia, porque essa palavra mantém, através de sua raiz, uma relação com o "espetáculo" (Barthes, 1984, p. 20).

Vejamos também como Sontag elabora sobre as intenções que os fotógrafos desejam imprimir em suas fotografias e como as diversas comunidades se apropriam do sentido das imagens fotográficas:

> As intenções do fotógrafo não determinam o significado da foto, que seguirá seu próprio curso, ao sabor dos caprichos e das lealdades das diversas comunidades que dela fizerem uso (Sontag, 2003, p. 36).

Voltemos para a questão da preocupação que os vizinhos de Severino e Antônia manifestaram ao saber da imagem do casal exposta na Rua Bitencourt Sampaio. O diálogo entre Severino, Antônia e Henrique por mim registrado e o que tive com o dono do bar na Rua Bitencourt Sampaio se complementam. São conversas que problematizam um certo lugar que os moradores da Maré ocupam nas imagens. Uma fotografia do casal exposta em um muro da favela ativou o imaginário dos vizinhos, que se preocupavam com algum tipo de violência sofrida pelo casal, mesmo que o texto da fotografia exposta não informasse nenhum indício de violência. Na verdade, as intenções do projeto Interiores da Maré é justamente o oposto: Henrique e Antonello verbalizam críticas sobre as imagens da violência que são rotineiramente produzidas sobre as favelas da Maré. O inventário das imagens da violência é tão poderoso que é capaz de ativar o imaginário sobre a violência através de qualquer imagem.

[ENSAIO I]

Interiores da Maré, um encontro mediado pela fotografia

32

Tel: 98805-8626

[ENSAIO II]

Magia do Samba, o nascimento de um bloco carnavalesco na Maré

Na tarde do dia 9 de fevereiro de 2016, o Magia do Samba, o mais recente bloco carnavalesco da Maré, fez o seu primeiro desfile por ruas do Morro do Timbau, da Baixa do Sapateiro e da Vila dos Pinheiros. Nesta narração fotoetnográfica três personagens são centrais: Sydney, Marden (os fundadores do Bloco Magia do Samba) e Pichetti, um morador bastante popular da Baixa do Sapateiro.

Os organizadores do bloco convidaram para o desfile pessoas que eles consideravam importantes, personagens com algum reconhecimento e relevância social no local. O Pichetti foi um desses convidados ilustres — ele me informou sobre esse convite durante o desfile. Pichetti atua na Maré em escolinhas de futebol destinadas a crianças e adolescentes, e organiza diversas atividades culturais nas ruas da região. Já retratei o Pichetti em muitas de minhas fotografias e neste estudo o personagem aparece em diversos momentos.

SAMBA
BRASIL

[ENSAIO III]

"Show Gay", uma performance artística de Lauana Drag

Soube no dia 7 de abril de 2017, através das redes sociais do Pichetti, que haveria a apresentação de uma performance transformista numa rua da Vila dos Pinheiros. A atividade foi anunciada pelo produtor cultural da seguinte forma:

> Fui convidado para apresentar este evento dia 24/04 na Só Lanche[18] vila do pinheiro um grande espetáculo de transformistas! com a presença exuberante de Sthefannye Drag e Lauana Drag vai ser um bate cabelo babado! vai perder!!! [sic]

Escrevi para Pichetti no dia 20 de abril para consultá-lo sobre a possibilidade de realizar registros fotográficos para este estudo fotoetnográfico:

> Fala aí Pichetti, blz?
> Pô esta parada que vai rolar no dia 24 na Só Lanche, que hora vai ser?
> Vc acha que rolaria deu fotografar?
> Abraços [sic]

Recebo um retorno de Pichetti no dia 21 de setembro:

> Poxa que legal vai lá sim 9hs vlw
> Que bom [sic]

18. Só Lanches é uma famosa lanchonete especializada na venda de saunduíches.

O evento estava anunciado para as 21h, eu me atrasei e cheguei ao local[19] combinado por volta das 21h40. Pichetti, meu interlocutor, não havia chegado, mas já havia movimentações dos organizadores. A estrutura de som estava montada e um pequeno público se fazia presente na movimentada esquina da Via B9 com a B1, na favela Vila dos Pinheiros.

Charles, o organizador do evento, é também o presidente da Associação de Moradores da Baixa do Sapateiro. Conversando com ele, descobri que antes do show transformista, que seria apresentado por Pichetti, ocorreria um ensaio do Grupo Folclórico Chico Halley, um famoso grupo de festa junina de Duque de Caxias que frequentemente se apresenta na Maré.

Todos os anos, Charles organiza apresentações de festas juninas na região. Eu já fotografei várias outras atividades organizadas por ele, de modo que o produtor cultural me conhecia como fotógrafo. Então, resolvi que além do show "transformista" registraria também a apresentação do grupo de festa junina. Cheguei a indagar sobre o fato de a atividade estar um pouco deslocada no tempo, ainda estávamos no mês de abril. Ele explicou que se tratava de um ensaio, apenas. O Grupo Folclórico Chico Halley voltou à Maré para uma apresentação no Morro do Timbau no dia 18 de julho daquele ano.

19. Via B9 com B1, Vila dos Pinheiros, Maré.

[ENSAIO IV]

As festas juninas da Maré

As três fotografias expostas neste ensaio retratam o universo das festas juninas ocorridas na Maré no ano de 2016, e foram captadas entre os meses de abril e julho. As festas juninas ocorrem todos os anos em diversas localidades da região. Paróquias como Nossa Senhora dos Navegantes e Nossa Senhora da Paz são referências na organização destas festas na Maré, mas também há apresentações de diversos grupos locais e vindos de outras favelas.

O evento do dia 18 de julho ocorreu na rua Capitão Carlos, no Morro do Timbau. Alguns grupos, como o grupo local Isto é Show e o Grupo Folclórico Chico Halley, de Duque de Caxias, animaram o grande público que se fazia presente. O dançarino fotografado neste ensaio é membro do grupo Chico Halley, e o registro do personagem foi feito em 24 de abril, na Vila dos Pinheiros. A dançarina pertence ao grupo Isto é Show, e sua foto foi captada em uma apresentação do grupo realizada em 2 de julho no Bar da Amparo, na Baixa do Sapateiro.

[ENSAIO V]

Roda Cultural da Ciclovia

A Roda Cultural da Ciclovia da Vila dos Pinheiros é realizada ao ar livre todas as quartas-feiras, às 19h45. Fiquei sabendo desta atividade por acaso. Enquanto passava pela ciclovia presenciei uma grande movimentação de pessoas e fui até o local para conferir aquela agitação. Jovens locais organizavam uma roda de rimas poéticas. Naquele primeiro dia apenas assisti a algumas apresentações de MCs e DJs, ocorria uma espécie de batalha de rimas e o público presente vibrava a cada verso declamado.

Na quarta-feira seguinte voltei ao local a fim de fazer algum contato com os organizadores. Neste dia realizei algumas imagens com meu aparelho celular e falei com uma das responsáveis pelo evento. Me apresentei como pesquisador, disse-lhe que estava realizando imagens de ações culturais para minha pesquisa de mestrado e gostaria de voltar para fotografar a atividade. O contato foi positivo e combinamos que eu voltaria na próxima roda. Segundo Luiz Achutti (2004), em uma pesquisa em que se usa a imagem como dispositivo narrativo é fundamental que o pesquisador se apresente como fotoetnógrafo e não como fotógrafo:

> À primeira vista, as pessoas fotografadas tendem a confundir o fotoetnógrafo com o repórter fotográfico. É por isso que, quando começa a trabalhar em campo, o etnógrafo deve, desde os primeiros contatos que estabelece com os membros da comunidade estudada, declarar sua posição de pesquisador que veio fotografá-los e não se apresentar como simples fotógrafo (Achutti, 2004, p. 114).

Neste exercício fotoetnográfico em que me empenhei na captura de imagens fotográficas de atividades socioculturais na Maré nem sempre foi possível me apresentar como pesquisador, principalmente pelo fato de muitos dos meus interlocutores me conhecerem como fotógrafo, o que dispensava apresentações. Na Roda Cultural da Ciclovia eu não conhecia nenhum dos organizadores, o que facilitou minha apresentação como pesquisador. Pude realizar um exercício de contato na condição de fotoetnógrafo, como sugere Achutti:

> O fotoetnógrafo se distancia da técnica para que seu olhar possa mergulhar no universo que constitui o objeto de suas pesquisas. De fato, a falta de prática ou um certo fetichismo por seu instrumento de trabalho poderia levá-lo a realizar uma obra superficial, o que seria prejudicial à narração, isto é, a suas próprias intenções como pesquisador. Ele deveria igualmente sentir-se à vontade em campo para poder elaborar suas sequências no local. Sem jamais comprometer seu objetivo antropológico, o fotógrafo dedica-se a gerir e a explorar adequadamente todos os recursos que a abordagem fotográfica coloca à sua disposição, não apenas faz uma simples transcrição visual dos dados de campo, mas também elabora a construção de uma narração eficaz e que contém informações interpretativas de uma determinada realidade (Achutti, 2004, p. 113).

Além da Roda Cultural da Ciclovia, tive notícia de duas outras rodas em atividade na Maré quando desenvolvia o estudo: no Pontilhão — viaduto entre a Baixa do Sapateiro e a Vila dos Pinheiros onde os moradores realizam eventos culturais, que funciona nos moldes do Viaduto de Madureira — e na Vila do João.

[ENSAIO VI]

Grupo musical Los ChiviTos e o evento Rock em Movimento

O grupo musical Los ChiviTos, formado pelos músicos Sinesio, Rodrigo e Vitor, é um dos muitos originados na Maré. Na ocasião do registro fotográfico, o trio apresentava-se no evento Rock em Movimento, edição realizada em 16/12/2016 na Via B9, na Vila dos Pinheiros. Há na Maré uma presença bastante significativa de bandas de rock e, com frequência, são realizados festivais musicais deste gênero. Além do Rock em Movimento, há o Maré de Rock e o Rock na Lona. Por muitos anos, o Bar do Zé Torre (Morro do Timbau) foi um grande ponto de encontro para as bandas e o público deste gênero musical.

[ENSAIO VII]

Desfile do Bloco Gargalo, um bloco na favela é uma obra coletiva

No dia 26 de fevereiro, o bloco Gargalo da Vila fez o seu 15º desfile pelas ruas da Vila do João — às vezes, os desfiles se estendem para o Conjunto Esperança e a Vila dos Pinheiros. O bloco leva o sobrenome de seu fundador, Marquinho Gargalo. Naquele desfile ocorreu uma espécie de fusão do Gargalo com o Magia do Samba, bloco que havia desfilado há duas semanas. Inúmeros membros que se encontravam ali na concentração da bateria do Gargalo também haviam desfilado na bateria do Magia do Samba, no dia 09/02/2017. Fui informado de que os dois blocos, inclusive, compartilharam os mesmos instrumentos nos desfiles de 2017. Sydney, o fundador do Magia do Samba, atuava de forma efetiva em atividades do bloco Gargalo e, naquele ano, foi um dos puxadores do samba (ele já atuou como mestre de bateria em desfiles anteriores). Marden também se encontrava no desfile do Gargalo da Vila, assim como Pichetti, que era um dos foliões mais animados.

RJ - BRASIL

GARGALO DA VILA
PAZ
GARGALO DA VILA
RJ - BRASIL
20/01/2002

INVENTÁRIO FOTOGRÁFICO DA MARÉ

O significado da palavra inventariar aponta para o ato de relacionar, catalogar, classificar e listar (série de coisas). O Inventário das Imagens da Maré pode ser entendido como toda a comunidade de imagens fotográficas que comunicam qualquer tema relacionado ao contexto sociocultural das favelas da Maré. Devido à vastidão e à diversidade do acervo fotográfico do inventário é preciso produzir enquadramentos e processos de classificação. Por isso, proponho como ponto de partida da identificação do inventário o reconhecimento de duas bases discursivas: os fotojornalistas e os fotógrafos populares. Os profissionais dos dois segmentos são entendidos neste livro como os autores da coleção de imagens que este estudo recorta e problematiza. O catálogo visual aqui listado, quando subdividido, fica assim: "imagens das remoções", "imagens das palafitas", "imagens da violência" e "imagens populares".

As coleções de fotografias produzidas sobre as favelas da Maré pelo fotojornalismo têm como traço político o fato de os jornais dedicarem atenção para a região quando o Estado realiza ações no território. Neste sentido (IMAGENS), é notória a estreita relação entre a imprensa e as políticas governamentais aplicadas nestas favelas.

Já os fotógrafos populares são um grupo local formado a partir de um movimento surgido nas favelas da Maré ainda nos anos 1990 e concretizado em 2004 com o projeto Imagens do Povo. A documentação sistemática da vida cotidiana e da diversidade cultural da região é um posicionamento político marcante e importante dos fotógrafos locais.

A coleção das imagens das remoções é, na verdade, o registro de uma história visual da política de remoções que impactou as favelas da Maré nas décadas de 1950 e 1960, um período em que as favelas do Rio de Janeiro foram fortemente marcadas por uma política habitacional que gerou impactos significativos para a configuração e a reconfiguração de regiões faveladas da cidade. Nestas duas décadas, a Maré experimentou remoções internas e recebeu populações removidas de outras favelas. Os jornais voltaram a dedicar atenção máxima para a região quando o Estado iniciou, em 1979, o Projeto Rio, ação governamental que erradicou as palafitas da Baixa do Sapateiro. Neste livro chamo o volume de fotografias produzidas no período de imagens das palafitas. As imagens da violência entram em cena nos anos 1980 e seguem o mesmo padrão de feitura dos dois blocos anteriores, são materializadas a partir de ações políticas estatais aplicadas nas favelas da Maré. As imagens das remoções e imagens das palafitas tematizam o problema da habitação e as imagens da violência contam a história da política de segurança, principalmente do combate ao comércio de drogas praticado por grupos armados que atuam nestas favelas.

O acervo produzido pelo fotojornalismo registra a história das ações políticas que o Estado aplica na Maré, como os três blocos de imagens listados neste capítulo (imagens das remoções, das palafitas e da violência) nos levam a entender. As fotos que narram a história da violência são, sem dúvida, o acervo fotográfico de maior relevância em termos de volume e impacto no imaginário social da cidade sobre este bairro popular. Essa abordagem passa a ser predominante a partir dos anos 1980, quando as imagens da violência se sobrepõem a todos os outros temas comunicados. Mas em 2004, com o surgimento do projeto Imagens do Povo, a prática de representação do fotojornalismo começa a sofrer sérios questionamentos. As imagens elaboradas pelo grupo local são definidas neste estudo de imagens populares. Os fotógrafos produzem uma visualidade a partir da própria favela e reconhecem a importância do registro da vida cotidiana e dos fazeres socioculturais da Maré como modo de registro que combate as imagens estigmatizantes. As fotografias na perspectiva do olhar local questionam a política das imagens geradoras de estigmas e estereótipos que, historicamente, o campo do fotojornalismo faz sobre as favelas e sua população. Estamos diante de uma mudança da câmera e dos olhares que operam estes equipamentos. Os fotojornalistas operam suas câmeras e seus olhares numa perspectiva do "de fora" e os fotógrafos populares na perspectiva dos "de dentro da favela".

Para melhor expor a minha síntese hipotética do que estou chamando aqui de Inventário das Imagens da Maré, vejamos um fragmento do que David Campany (2012) escreveu no prefácio do livro "Tudo sobre fotografia":

> Estritamente falando, a história completa da fotografia seria um registro de todas as fotos já tiradas e da reação suscitada por cada uma delas, desde as primeiras experiências realizadas na década de 1830 até os cerca de 30 bilhões de registros fotográficos produzidos por ano no mundo inteiro. [...]. O processo de traçar uma história da fotografia não é muito diferente do ato de tirá-las. Trata-se de uma arte ou de uma ciência da síntese. Um trabalho que envolve discernimento, seleção, enquadramento, edição, avaliação e reavaliação.

A localização no tempo histórico do conjunto das imagens fotográficas do inventário fica assim: imagens das remoções (anos 1950/1960), imagens das palafitas (anos 1970/1980), imagens da violência (anos 1980 até os dias atuais) e imagens populares (início efetivo em 2004 até os dias atuais). O Inventario das Imagens da Maré é a história da política das imagens sobre o maior bairro popular da cidade do Rio de Janeiro. Os agentes narradores dessa história visual são os fotojornalistas e os fotógrafos populares.

Os primeiros passos para a identificação do Inventário das Imagens da Maré

A comunidade de imagens consultadas e que dão sustentação teórica a este livro foi acessada através de fontes diversas:

1. Acervo pessoal dos fotógrafos populares, banco de imagens, site e livros do Programa Imagens do Povo e do Observatório de Favelas;
2. Os dados fotojornalísticos foram examinados em edições de dois jornais: Diário da Noite e O Globo;

3. Acervo fotográfico do Museu Nacional;
4. Site de buscas Google Imagens.

Sobre os jornais, cabe destacar que o Diário da Noite, fundado em 5 de outubro de 1929, pertenceu ao grupo dirigido por Francisco de Assis Chateaubriand, era um jornal com ideologia liberal, e encerrou suas atividades em fevereiro de 1961, por problemas financeiros. Exemplares deste periódico estão arquivados na base de dados da Biblioteca Nacional. Já O Globo, fundado em 1925, é um dos maiores jornais do país, ainda em circulação, e pertence às Organizações Globo.

A pesquisa deste livro teve início com buscas exploratórias realizadas no espaço virtual da Hemeroteca Digital da Biblioteca Nacional[20]. No princípio de 2015 comecei a fazer visitas ao site, pois tinha a intenção de ver imagens da Maré dos anos 1940, década em que surgiram as primeiras favelas da região. A curiosidade me movia neste início. Eu estava em busca de imagens que os jornais comunicavam sobre a única favela daquela década, o Morro do Timbau.

Após dezenas de visitas ao espaço virtual da Hemeroteca Digital, encontrei um pequeno agrupamento de abordagens jornalísticas do Diário da Noite que me chamaram atenção. O jornal citava um processo de despejo que ocorria nas "Favelas da Maré" numa série de reportagens que cobria o intervalo dos dias 10 a 16 de setembro de 1955. Posteriormente, também fiz uma consulta aos arquivos de O Globo para conferir se havia abordado o episódio tal como fez o Diário da Noite. E, sim, esses dois jornais registraram o processo de despejo que ocorria na favela.

Aqui exponho duas tabelas com comentários sobre as abordagens e datas dispostas em sequência. Ambos os jornais noticiaram o ocorrido de 10 a 16 de setembro de 1955.

20. Disponível em: http://bndigital.bn.gov.br/hemeroteca-digital/.

TABELA 1 | Tabela com matérias jornalísticas sobre a Maré no jornal DIÁRIO DA NOITE na década de 1950

DATA	COMENTÁRIOS SOBRE AS ABORDAGENS DO JORNAL	MATÉRIA COM / SEM IMAGEM
Dia 10 de setembro de 1955. Edição 5885, p. 6, 1ª seção	"SEGUNDA-FEIRA, O DESPEJO DA FAVELA DA MARÉ" Na edição do dia 10, o jornal Diário da Noite inicia a abordagem jornalística de um grande despejo preste a ocorrer nas "Favelas da Maré". A primeira nota jornalística falava em mil famílias atingidas. O jornal informava, também, sobre os esforços de vereadores da bancada do PTB para evitar a remoção: os políticos deste partido apelavam para o prefeito e o chefe de polícia não tomarem uma medida tão drástica como a de um despejo das famílias.	Sem imagem
Dia 12 de setembro de 1955. Edição 5886, p. 6, 1ª seção	"SUSTADO O DESPEJO DA 'FAVELA DA MARÉ' ANTE A ENÉRGICA DECISÃO DO ADVOGADO" O jornal fala em 10 mil "favelados" que teriam seus bens levados para o Deposito Público. Neste dia também se fala no personagem Geraldo Moreira, advogado e vereador líder do PTB na Câmara, que fazia a defesa dos moradores da Maré que seriam retirados de suas casas.	Sem imagem
Dia 13 de setembro de 1955. Edição 5887, p.6, 1ª seção	 Na edição do dia 13 de setembro, o Diário da Noite aborda com texto e fotografia a enérgica atuação do advogado Geraldo Moreira; fala do valor do terreno e do dono; e ouve os moradores vítimas da desocupação.	Com imagem

TABELA 1 | Tabela com matérias jornalísticas sobre a Maré no jornal DIÁRIO DA NOITE na década de 1950 (CONT.)

DATA	COMENTÁRIOS SOBRE AS ABORDAGENS DO JORNAL	MATÉRIA COM / SEM IMAGEM
Dia 14 de setembro de 1955. Edição 5888, p. 10, 1ª seção	"DECIDIU O JUIZ DA 9º VARA CIVIL: SUSTADO POR 6 DIAS O DESPEJO NA 'FAVELA DA MARÉ'" Neste dia o jornal publica duas imagens: uma fotografia das palafitas com pessoas nas pontes de madeiras e uma do advogado Geraldo Moreira falando aos moradores da Maré. O ângulo desta imagem é de cima, o fotojornalista está em uma posição muito mais alta que o objeto da foto. O jornal também fala da repercussão de sua matéria do dia anterior na Câmara dos Vereadores.	Com imagem
Dia 16 de setembro de 1955. Edição 5890, p. 4, 1ª seção	"APROVADA A DESAPROPRIAÇÃO DA 'FAVELA DA MARÉ'" Com a aprovação da desapropriação na Câmara, o jornal para de falar do assunto.	Sem imagem

TABELA 2 | Tabela com matérias jornalísticas sobre a Maré no jornal O GLOBO na década de 1950

DATA	COMENTÁRIOS SOBRE AS ABORDAGENS DO JORNAL	MATÉRIA COM / SEM IMAGEM
Dia 12 de setembro de 1955. Edição vespertina, Geral, p. 6, 1ª seção	"SÓ SAIAM ARRASTADOS!" O jornal O Globo inicia a abordagem do assunto através de uma nota que basicamente dirigia críticas às práticas do advogado e vereador Geraldo Moreira, que defendia os moradores do despejo coletivo em andamento nas "Favelas da Maré". Esta pequena nota foi a maior abordagem do assunto feita pelo jornal.	Com imagem
Dia 14 de setembro de 1955. Edição matutina, Geral, p. 3, 1ª seção	"SUSTADO O DESPEJO" O assunto foi abordado em uma minúscula nota de dez pequenas linhas, semelhante à publicada pelo Diário da Noite. Ambos os jornais informavam a decisão de suspensão do despejo por seis dias.	Sem imagem
Dia 15 de setembro de 1955. Edição matutina, Geral, p. 3, 1ª seção	"FAVELA DA MARÉ" Em cinco linhas de um pequeno box na página 3 era informada a aprovação do projeto de Geraldo Moreira, no qual a Câmara determinava a desapropriação do terreno da Favela da Maré e, assim, livrava os moradores do despejo.	Sem imagem
Dia 16 de setembro de 1955. Edição matutina, Geral, p. 3, 1ª seção	"DESAPROPRIAÇÃO DA FAVELA DA MARÉ" Em sete linhas, o jornal informava a etapa final de desapropriação pela Prefeitura do Rio do terreno na Maré.	Sem imagem

Inventariando as imagens das remoções, anos 1950 e 1960

No dia 10 de setembro de 1955 o jornal Diário da Noite deu a primeira nota a respeito do processo de despejo que os moradores da Maré vinham enfrentando. O lugar exato deste acontecimento: ruas Sargento Silva Nunes e Teixeira Ribeiro, local ao qual o jornal se refere como “Favela da Maré”[21]. O assunto volta a ser pautado pelo Diário da Noite no dia 12, quando O Globo passa a abordar o assunto, publicando uma nota na página 6 da edição vespertina daquele dia. A nota de O Globo trazia uma imagem e um texto com uma contundente crítica às atitudes do advogado Geraldo Moreira, que também era vereador e líder do PTB (Partido Trabalhista Brasileiro) na Câmara. Ele defendia os direitos dos moradores naquele processo de despejo.

O jornal Diário da Noite volta a falar do despejo no dia 13. A abordagem deste último dia traz uma fotografia onde Geraldo Moreira aparece em cima de um caminhão, usado como palanque para falar com os moradores. Nas reportagens do dia 12 de O Globo e do dia 13 do Diário da Noite o personagem em foco é o advogado. Na nota de O Globo, Geraldo Moreira era acusado de incitar os moradores a resistirem de forma pacífica. Ambas as abordagens são politicamente posicionadas: o Diário da Noite com matérias mais estruturadas e apuradas — ao longo de todo o processo de despejo foram publicadas três fotografias e tudo indica que equipes do jornal estiveram no local —, e O Globo com notas que parecem ter sido feitas a distância.

21. A região das 16 favelas ganha o nome Maré após 1994 com a oficialização do bairro. Mas o termo “Maré” já fazia parte da linguagem dos jornais e da população local desde 1955.

"Só Saiam Arrastados!"

Com estas palavras, conhecido agitador e edil carioca perturbou e fêz suspender o despejo da "Favela das Marés", cujos moradores, antes, vinham recebendo em calma as determinações dos oficiais de Justiça — Rebelaram-se e permaneceram nos barracos ante a atitude condenável e criminosa do vereador

Agora já é a massa rebelada, sob a ação demagógica e mesmo criminosa do Vereador Geraldo Moreira

CUMPRINDO mandado de despejo expedido pelo Sr. Paulo Alonso, titular da 9.ª Vara Cível, os oficiais de justiça José Cristino e Francisco dos Santos compareceram, na manhã de hoje, à Favela das Marés, localizada entre as Ruas Sargento Silva Nunes e Teixeira Ribeiro, em Bonsucesso.

Cêrca de dez mil favelados começaram a ser despejados. O cumprimento da ordem ia sendo feito sem maiores conseqüências, exceto, naturalmente, os protestos de alguns poucos favelados. Não havia fôrça policial, a qual só seria requisitada em caso de perturbação da ordem, segundo informou o oficial de Justiça José Cristino. Os moradores da favela iam sendo orientados por seu líder, Manuel Virgílio Joaquim, dono de uma tendinha. Entretanto, cêrca das 9 horas, chegou o Vereador Geraldo Moreira, que advogou a causa dos favelados.

Em ação o agitador

O povo, até então calmo, começou a se exaltar com a presença do Vereador, por ter o mesmo usado de palavras violentas, insuflando-os, num longo discurso, a não abandonarem as suas casas, a não ser com o emprêgo de fôrça policial.

Os homens, que antes se mostravam cordatos, passaram a seguir aquêles conselhos, permanecendo em seus barracões. Os oficiais de Justiça, então, parlamentaram com o edil, dizendo-lhe de seus propósitos, isto é: requisitar fôrça policial a fim de que fôsse cumprido o mandado do titular da 9.ª Vara Cível.

Tornou-se delicada a situação

A situação se foi tornando delicada. Em dado momento, o Sr. Geraldo Moreira, numa atitude condenável, falou, em tom ainda mais provocador:

— Só saiam arrastados! Ninguém deve abandonar o seu barraco!

Os oficiais de Justiça concluíram, então, que o melhor alvitre seria suspender mesmo o despejo. E retiraram-se, dirigindo-se dali ao Palácio de Justiça, a fim de expor os fatos ao titular da 9.ª Vara Cível e receber instruções de S. S.ª.

Íntegra da nota de O Globo do dia 12/09/1955. Edição do dia. FONTE: Acervo O Globo

Dia 13 de setembro de 1955. FONTE: Diário da Noite

Esta é a imagem publicada no dia 13 de setembro de 1955 no jornal Diário da Noite. A fotografia de Geraldo Moreira com os moradores teve bastante destaque na edição daquele dia. Já a imagem publicada por O Globo mostra apenas um grupo genérico de pessoas. O jornal continuou noticiando o assunto em breves notas nos dias 14, 15 e 16, mas a abordagem de maior destaque foi a primeira, no dia 13. O Diário da Noite falou do assunto até o dia 16, quando Geraldo Moreira conseguiu aprovar na Câmara a desapropriação do terreno. Segundo esta pesquisa, estas foram as primeiras imagens das favelas da Maré na imprensa carioca.

Os dois exemplos de reportagens recortadas serão a regra das abordagens dos jornais sobre esta região favelada durante a década de 1960 — época em que o fluxo de matérias jornalísticas foi mais significativo, se comparado com a quantidade de abordagens feitas nos anos 1950. Durante toda a década de 1960 o jornal O Globo seguiu reportando o processo das remoções internas da Maré e o fluxo de grupos removidos de outras favelas da cidade que foram realocados na região.

A Nova Holanda, em seu momento inicial de ocupação, recebeu populações que viveram o drama da remoção. Os moradores de favelas do Rio vivenciaram de forma constante as ameaças de remoções daquela década, política que submeteu a população favelada a um intenso processo de remoções forçadas. O livro "Memória e Identidade dos Moradores de Nova Holanda" analisa o tema:

> No caso específico da Nova Holanda, a ocupação teve início em 1962 e se estendeu até 1971, ano da última e significativa transferência de moradores. Foram removidos para lá moradores da Favela do Esqueleto, do Morro da Formiga, do Morro do Querosene, da Praia do Pinto e de Macedo Sobrinho (Redes da Maré, 2011, p. 84).

Inventariando as imagens das palafitas, anos 1970 e 1980

Todo dia
O sol da manhã vem e lhes desafia
Traz do sonho pro mundo
Quem já não queria
Palafitas, trapiches, farrapos
Filhos da mesma agonia

E a cidade que tem braços abertos
Num cartão-postal
Com os punhos fechados da vida real
Lhes nega oportunidades
Mostra a face dura do mal

Alagados, Trenchtown, Favela da Maré
A esperança não vem do mar
Nem das antenas de tevê
A arte é de viver da fé
Só não se sabe fé em quê[22]

Em 1979 têm início na região das favelas da Maré as obras do Projeto Rio[23], uma ação governamental de grande escala cujo objetivo era erradicar as moradias em palafitas que predominavam em áreas alagadas da favela da Baixa do Sapateiro. A população que vivia nestas áreas foi transferida para a localidade que veio a ser chamada de Vila do João.

22. Música "Alagados", do grupo Paralamas do Sucesso, de 1986.

23. O começo dos anos 1980 marca a primeira grande intervenção pública do governo federal na Maré: o Projeto Rio. Lançado pelo Ministério do Interior do governo João Figueiredo, previa o aterro das regiões alagadas com a transferência dos moradores das palafitas para casas pré-fabricadas construídas pelo extinto BNH (Banco Nacional de Habitação) nas comunidades Vila do João, Vila do Pinheiro, Conjunto Pinheiro e Conjunto Esperança (Pinto, 2004, p. 38-39). A partir daí, a Maré tem seus limites de ocupação estabelecidos numa forma parecida com a de hoje.

Tudo indica que a execução desta ação governamental atraiu a atenção da imprensa carioca como nunca visto. O interesse midiático pode ser conferido nas muitas reportagens em jornais impressos e televisivos da época. O acervo imagético sobre o assunto é vasto, e a intensa produção jornalística consagrou de vez as favelas da Maré no imaginário coletivo da cidade do Rio de Janeiro. As fotos, de modo geral, comunicam o local como degradado, sem a menor condição de moradia. Cabe ressaltar que estas não eram as condições de todas as favelas da Maré, essa imagem se aplicava a uma localidade específica, a região alagada e palafitada da Baixa do Sapateiro. Nos anos 1980, das atuais 16 favelas da Maré, nove já existiam na paisagem local, como podemos verificar na literatura disponível. Essas nove favelas são descritas pela literatura consultada para este livro como as "comunidades" originais:

> As nove comunidades originais da Maré são: conjunto Marcílio Dias, Ramos, Parque Roquete Pinto, Parque União, Parque Rubens Vaz, Nova Holanda, Parque Maré, Baixa do Sapateiro e Morro do Timbau que se estendiam, margeando a Baía da Guanabara, da Penha até Bonsucesso (Redes da Maré, 2012, p. 82).

A imagem da degradação, produzida pelo fotojornalismo, é uma informação visual sobre a região veiculada em larga escala na época. O inventário fotográfico produzido naquela década contribuiu de forma inquestionável para um imaginário que resume a região à imagem das palafitas. O acervo das imagens das palafitas é tão impactante que rendeu à Maré uma citação na música "Alagados", do grupo Paralamas do Sucesso. A canção foi gravada em 1986 e, com a ascensão do grupo no cenário do rock nacional, a imagem da Maré rodou o Brasil como um exemplo de moradias precárias e degradantes. A música faz uma denúncia da desigualdade social em cidades brasileiras como Rio de Janeiro (RJ) e Salvador (BA).

Entre os moradores, as memórias das palafitas ainda são bem vivas. Não é incomum encontrar recordações marcantes, como a narrada no "Livro de Contos e Lendas da Maré":

> Faz mais de vinte anos que meu amigo Juvenal se casou... E não foi um casório normal. Na verdade, acho que foi o casamento mais estranho já acontecido na Maré. Nesse tempo, a Baixa do Sapateiro ficava quase toda sobre palafitas. E eu morava lá...
>
> A cerimônia começaria às quatro da tarde, mas só comecei a me arrumar depois do almoço. Coloquei um vestido branco que uma tia me trouxe da Paraíba... já estava um pouco amarelado... sorte não estar ruído pelos ratos que invadiam o barraco à noite. Era quando a maré enchia e molhava o chão de madeira com a água podre do mangue. Procurei minhas bijuterias, que há tempos não usava. Encontrei-as num velho pote de biscoitos, escurecidas pela maresia (CEASM, 2003, p. 35).

A narração conta em detalhes os acontecimentos de uma festa de casamento ocorrida no tempo das palafitas da Baixa do Sapateiro. Os convidados eram tantos que encheram o barraco, e a ponte de madeira que dava acesso ao casebre não suportou. A festa estava já terminando, com a pequena multidão embalada pela música "Melô do Piripipi", da Gretchen. Devido ao excesso de pessoas dançando, a ponte não resistiu e veio abaixo; todos mergulharam na lama do mangue. Este tipo de narração é muito comum na memória coletiva do lugar, principalmente entre os mais velhos, que vivenciaram aqueles tempos.

O Museu da Maré guarda um considerável número de registros fotográficos das palafitas, e tematiza esta memória coletiva em uma instalação de bastante destaque expositivo. Ao adentrar o espaço de exposições permanentes do museu, o visitante encontra logo na entrada uma réplica de um barraco de madeira suspenso a três metros de altura. É uma imagem impactante e, simbolicamente, demonstra como a instituição dedica um local de importância singular para esta imagem memorialística das palafitas.

FAVELA DA MARÉ

A pobreza fotografada, sem retoques

Dia 22 de abril de 1979, Jornal O Globo

Em 22 de abril de 1979, o jornal O Globo publicou uma reportagem com seis fotografias que davam destaque visual para as questões da pobreza na Maré; as palafitas são destacadas nestas fotos. Meus esforços neste box são no sentido de apontar o fato de que, naquela época, já existiam nove favelas na Maré. Algumas desfrutavam de relativa infraestrutura, como é o caso do Morro do Timbau, mas a imprensa dirigia sua atenção para a produção de imagens que tematizavam as palafitas, justamente quando o governo agia para erradicá-las. Como observado, a imprensa seguia os rastros da ação governamental em andamento no território. O mesmo procedimento deu origem à coleção de imagens das remoções e imagens da violência. Nos três blocos de imagens do Inventário das Imagens da Maré é notória e incontestável a relação de diálogo dos jornais com as ações estatais no território.

Inventariando as imagens da violência, anos 1980 a 2000

> O fotojornalismo conquistou o reconhecimento que lhe era devido no início da década de 1940 — tempo de guerra. Esta que foi a menos controvertida das guerra modernas, cuja justiça foi ratificada pela relação cabal do mal nazista quando a guerra terminou, em 1945, conferiu aos fotojornalistas uma nova legitimidade, deixando pouco espaço para a dissidência de esquerda que marcara grande parte do uso sério das fotos no período entre as guerras, inclusive *Guerra contra guerra!*, de Friedrich, e as primeiras fotos de Capa, a mais famosa personagem de uma geração de fotógrafos politicamente engajados cuja obra concentrava-se na guerra e nas vítimas (Sontag, 2003, p. 32).

As imagens da violência, segundo o enfoque deste livro, são todas aquelas que comunicam operações militares das forças de segurança, conflitos entre os grupos armados locais, e protestos ocorridos nas favelas em decorrência de alguns dos eventos anteriormente listados. Essa modalidade de imagem passa a predominar nas pautas jornalísticas a partir dos anos 1980, se consolida nos anos 1990, e nos anos 2000 o acervo se torna vasto, conforme mostra o gráfico de registros de páginas disponível no acervo digital do jornal O Globo (1980: 1.402 páginas; 1990: 842 páginas; 2000: 2.637 páginas). Em 2014, essas imagens atingem um patamar monumental com as coberturas jornalísticas da maior e mais duradoura ocupação militar que a Maré já vivenciou: a operação São Francisco.

A cobertura do fotojornalismo ao abordar de forma reiterada o tema da violência informa uma imagem única, ao passo que ignora diversas outras possíveis, como elabora Eliana Silva:

> O bairro Maré é uma expressão concreta dos limites das representações tradicionais sobre as favelas e da necessidade de construir novas interpretações sobre esses complexos territórios, agora levando em conta sua pluralidade, bem como a riqueza da vida cotidiana e de sua estrutura material. Solidariedade, alegria, festa, violência, desordem, carência e criminalidade são termos usuais quando se trata de representar o cotidiano da favela, de acordo com o grupo social, perspectiva ideológica e/ou o local da moradia que está no lugar a partir do qual se elabora o discurso de representação. Elementos que se apresentam de forma diferenciada, nas diversas favelas e territórios da cidade. E na Maré não é diferente (Silva, 2012, p. 61).

Apesar de a narrativa da violência ser o tema preferencial das fotografias do fotojornalismo, não é só este campo do conhecimento visual que se interessa e explora estas imagens associadas às favelas. O tema da violência atraiu também a atenção das ciências sociais, que voltaram a se interessar pelas favelas nos anos 1980 por meio da chave interpretativa da violência e da exclusão social, como atesta Lícia Valladares. "A retomada do interesse pelas favelas resulta, igualmente, da inscrição na agenda das ciências sociais de dois temas de grande relevância: violência e exclusão social" (Valladares, 2005, p. 142). Vejamos a questão na perspectiva de Alba Zaluar:

> Nos anos 1980, o problema favela iria conhecer uma nova complexidade, com a maior presença de grupos paraestatais no mundo dos excluídos: de um lado, os banqueiros do jogo do bicho, que, embora presentes desde 1970 na vida das favelas e conjunto habitacional, ganham maior evidência a partir dos anos 1980; de outro lado, grupos dedicados ao tráfico de entorpecentes (Zaluar, 2003, p. 43).

No acervo digital do jornal O Globo referente ao termo "Favela da Maré", apenas no ano de 2000 encontramos 31 matérias jornalísticas sobre esta região favelada, o que equivale à quase metade das 53 abordagens registradas em toda a década de 1960.

As imagens da violência não apresentam a violência explícita, apenas evidências de situações de violência. Em muitos casos, a informação pautada e os textos que acompanham essas imagens informam traços da violência. Aline Almeida (2015) discorre sobre o tema em seus estudos das imagens da violência produzidas pelo fotojornalismo na cidade do Rio de Janeiro:

> No entanto, o "mostrar o que aconteceu" é bastante relativizado quando se trata da violência urbana no Rio de Janeiro. O acontecimento violento relatado no texto é descrito pela caracterização jurídica da morte, latrocínio ou homicídio, doloso ou culposo, e, ainda, o número de tiros disparados e os órgãos atingidos. Nenhuma dessas informações é revelada nas imagens fotográficas dos jornais (Almeida, 2013, p. 120).

Esta abordagem problemática sobre as favelas e suas populações também é analisada nos estudos do pesquisador Marcos Albuquerque:

Quando se analisa a imagem dos Pankararu em notícias e reportagens realizadas pelos jornais e televisões de São Paulo é possível constatar uma série de temas e discursos recorrentes. Em minha síntese observei que o tema principal se refere à positividade do poder, ou seja, que a imagem menor é recorrentemente negligenciada em nome da imagem maior cuja natureza invisibiliza a violência colonial e instaura no discurso jornalístico o privilégio da denúncia, do salvacionismo e da indignação.

O tema preferido de tais reportagens é o da reportagem denúncia, o paradigma reificado em tais textos é o de que a cultura morre com a saída dos Pankararus da aldeia e que a vida na cidade de São Paulo é o fim característico de uma trajetória marcada pela violência. Reificando, assim, a imagem de índio, essas reportagens insistem que o lugar natural, saudável do índio é na natureza. Portanto, o lugar do índio é na aldeia, assim os temas das reportagens são, em geral, baseados nessa premissa: aldeia = cultura = sobrevivência X cidade = aculturação = morte, negligenciando, assim, a violência da guerra de conquista que instituiu a analogia índio = aldeia como o lugar natural e privilegiado das populações nativas (Albuquerque, 2011, p. 257).

Inventariando as imagens populares, a partir de 2004

A imagem fotográfica é antes de tudo representação *a partir do real* segundo o olhar e a ideologia de seu autor. Entretanto, em função da materialidade do registro, no qual se tem gravado o vestígio/aparência de algo que se passou na realidade concreta, em dado espaço e tempo, nós a tomamos, também, como um *documento do real*, uma fonte histórica (Kossoy, 2009, p. 31).

As imagens populares são aquelas produzidas pelos fotógrafos populares, abordagem visual que surgiu com o projeto Imagens do Povo, na primeira metade dos anos 2000. A grande inovação política que acompanha a experiência vem da proposta de formação técnica, estética e política ofertada a partir da Escola de Fotógrafos Populares. Os fotógrafos iniciados nesta experiência formativa passam a produzir e influenciar narrações fotográficas a partir do olhar local.

O grupo se consolidou ao produzir imagens fotográficas que narram a vida cotidiana e cultural do lugar. Sua criação abriu uma possibilidade narrativa de impacto imediato nas favelas da Maré, mas também em outras favelas da cidade, como o Complexo do Alemão, onde surgiram grupos de fotógrafos que se preocupam com o registro da vida cotidiana local. Estes grupos, que se consolidaram nas favelas do Rio nos anos 2000, estão em consonância com movimentos mais amplos da sociedade, que desde os anos 1980 vem questionando as formas como as favelas são representadas.

> Neste novo contexto de reconfiguração do conceito de representação — tanto escrita quanto imagética ou audiovisual — surge com especial potência a concepção de autorrepresentação como um modo legítimo de apresentar uma autoimagem sobre si mesmo e sobre o mundo que evidencia um ponto de vista particular, aquele do objeto clássico da Antropologia que agora se vê na condição de sujeito produtor de um discurso sobre si próprio (Gonçalves; Head, 2009, p. 19).

De imediato o campo acadêmico se interessa pelo que vinha ocorrendo na Maré. A experiência do projeto Imagens do Povo foi tema de diversas dissertações, teses e artigos de livros nos mais variados segmentos das ciências humanas. Os jornais também dedicaram bastante atenção ao movimento. Em 2007, o grupo venceu o prêmio Faz Diferença do jornal O Globo pela produção da matéria "A Favela se Diverte", uma longa reportagem fotográfica publicada na revista de domingo deste jornal.

Naqueles anos de atuação intensa do projeto, era comum encontrar fotojornalistas de jornais como O Globo, O Dia e Extra na Maré, em eventos e encontros promovidos pela Escola de Fotógrafos Populares. Um bom exemplo do interesse em comum dos fotojornalistas e dos fotógrafos populares está registrado em dois documentários: "Abaixando a Máquina: ética e dor no fotojornalismo carioca" e "Vivendo um Outro Olhar: fotojornalismo, favela, cidadania", de Guilherme Planel (2007; 2010).

No primeiro documentário, o cineasta apresenta as questões éticas e políticas referentes ao fotojornalismo através de depoimentos dos fotógrafos que atuam na grande mídia impressa da cidade (O Globo, O Dia e Extra). No segundo filme, o cineasta ouviu os fotógrafos do Imagens do Povo. Eu fiz um breve depoimento no documentário e frequentei alguns dos encontros e debates para a produção do filme, onde nós, fotógrafos da Maré, por diversas vezes ficamos frente a frente com os fotógrafos dos jornais e protagonizamos embates sinceros e calorosos a respeito do procedimento da produção de imagens sobre as favelas.

A continuidade do inventário das imagens da violência, anos 2014 e 2015

Em 5 de abril de 2014 as favelas da Maré foram ocupadas por militares das Forças Armadas (Marinha e Exército). A operação São Francisco, a maior intervenção militar já realizada na história do conjunto de favelas, foi realizada através de uma GLO (Garantia da Lei e da Ordem). O dispositivo jurídico que deu bases legais para a megaoperação militar de longa duração foi solicitado pelo então governador do Rio de Janeiro, Sérgio Cabral (PMDB), e autorizado pela presidente Dilma Rousseff (PT). Segundo o governo, a operação estabilizaria o território e criaria as condições para a implementação de uma UPP (Unidade de Polícia Pacificadora) na região.

As tropas federais atuaram por 15 meses nas favelas da Maré. Os militares deixaram a região em 30 de junho de 2015, e como resultado foram efetuadas mais de 400 prisões. Neste período os moradores da Maré vivenciaram uma rotina intensa de distúrbios internos como nunca visto; confrontos armados das tropas militares com os grupos locais e desentendimentos de moradores com os militares eram situações rotineiras. Moradores também foram vitimados, um dos casos mais famosos é o do jovem Vitor Santiago, que foi alvejado por tiros que partiram dos militares em patrulhamento. Neste somatório de violências, inclui-se a morte de um militar da Marinha em confronto com um grupo armado local.

O governo estadual do Rio de Janeiro abortou o projeto de implementação da UPP nas favelas da Maré. Naquele momento de 2015, o projeto das UPPs começava a apresentar dificuldades e muitos desgastes políticos, principalmente a experiência em andamento no "Complexo do Alemão", um conjunto de favelas semelhante à Maré em termos de tamanho.

No caso da Maré, os grupos armados que historicamente dominam a região não deixaram de atuar enquanto acontecia a operação São Francisco. A intervenção das Forças Armadas não pôs fim ao poder dos diversos grupos armados locais, tampouco provocou uma reconfiguração significativa da atuação deles no território. Com o fim oficial da ocupação militar, os grupos rapidamente se recompuseram, inclusive expandindo os domínios para ruas e regiões onde antes de 2014 não eram vistos.

A ampla cobertura da operação São Francisco pelos meios de comunicação impressos, televisivos e digitais fez uma atualização impressionante no volume do Inventário das Imagens da Maré, em especial na comunidade das imagens da violência — que comunica de forma reiterada o tema da violência quando fala das favelas, atualizando, assim, uma certa noção no imaginário que associa as favelas aos processos de violências de uma cidade como o Rio de Janeiro. O gigantesco acervo de imagens da violência gerado neste intervalo de 15 meses tem uma novidade: essas fotos foram produzidas em três níveis do fotojornalismo (local, nacional e internacional). Esta condição particular se deu pelo fato de os meios de comunicação dirigirem atenção especial ao que ocorria na cidade por conta da realização da Copa do Mundo de 2014 e dos Jogos Olímpicos que aconteceriam no Rio no ano de 2016.

O conjunto de favelas da Maré com a composição de 16 regiões faveladas, tal como conhecemos atualmente, se tornou oficialmente bairro em 1994, a partir de decreto do poder municipal, mas a história da ocupação deste grande bairro popular remonta à década de 1940.

Minha pesquisa pelas imagens da Maré tem início por uma busca onde eu queria conhecer que tipo de imagens se comunicava sobre a região naquele princípio. As bases de buscas pelas informações visuais eleitas inicialmente para a pesquisa foram os acervos dos jornais, conforme aqui descrito. Segundo os critérios do meu método de buscas, por pelo menos 15 anos, período entre 1940 e 1955, os jornais da cidade do Rio de Janeiro ignoraram completamente a existência das favelas da Maré.

As primeiras "imagens da Maré" nos jornais Diário da Noite e O Globo comunicavam o tema das remoções, um problema de ordem da habitação. Nos termos que aqui defendo, as "imagens das remoções" formam o bloco inicial de imagens, que tem o seu início em setembro de 1955. O segundo bloco de imagens identificado é composto pelas "imagens das palafitas". Esta modalidade de comunicação imagética tem seu auge no final da década de 1970, quando mais uma vez a imprensa documenta de forma ampla a realização do Projeto Rio, gerando um significativo acervo fotográfico sobre as palafitas, um tipo de habitação de madeira que predominava nas regiões alagadas da favela Baixa do Sapateiro. Em resumo, entre os anos 1950 e 1970 a habitação era o tema de registros das "imagens da Maré". As "imagens da violência" entraram em cena nas narrativas da imprensa nos anos 1980 e, desde então, passaram a ser o tipo de imagem predominante nos meios de comunicação. O fluxo de produção das "imagens da Maré" ganhou um novo ator no ano de 2004, quando surgiu o projeto Imagens do Povo, um movimento visual/político liderado pelo fotógrafo João Roberto Ripper em parceria com a instituição Observatório de Favelas. Este movimento político reivindicava outras imagens das favelas e conseguiu concretizar uma modalidade de produção de imagens fotográficas que aqui chamo de "imagens populares", onde o grande tema dos fotógrafos populares é a documentação da vida social e cultural do lugar pelo ponto de vista de quem mora no local.

CENAS
FINAIS

> A fotografia é um objeto que me interessou. Considerei, naturalmente, o fato desta ser a única prática com uma dimensão artística acessível a todos e de ser o único bem cultural universalmente consumido (Bourdieu, 2006).

A ação de inventariar é proposta neste livro como o ato de catalogar, classificar e listar todo o universo das imagens da Maré. Se a hipótese do estudo estiver correta, a catalogação completa das comunidades de imagens possibilitaria um conhecimento amplo das diversas formas de representações fotográficas já elaboradas sobre as favelas da Maré. O acervo de imagens que busco classificar tem como autores os fotógrafos populares e os fotojornalistas — dois grupos de fotógrafos profissionais aqui reconhecidos como os protagonistas do inventário visual catalogado como imagens das remoções, imagens das palafitas, imagens da violência e imagens populares.

Os fotógrafos populares fazem parte de um grupo local composto por moradores que se especializaram profissionalmente na produção de registros fotográficos politicamente posicionados a partir de demandas por representações imagéticas com o olhar local. Já os fotojornalistas pertencem a uma estrutura de comunicação exógena composta por profissionais ligados aos grandes jornais da cidade. As duas bases discursivas aqui eleitas são formadas por fotógrafos orientados ideologicamente para suas respectivas atuações no processo de registros fotográficos.

Os fotojornalistas atuam segundo a orientação editorial dos jornais para os quais trabalham, conforme os argumentos defendidos neste estudo. O grupo de profissionais elabora uma imagem destas favelas que segue demandas políticas por representações exógenas, ou seja, esta base discursiva não tem as mesmas preocupações éticas defendidas pelo grupo de fotógrafos locais.

Os fotógrafos populares, por sua vez, produzem imagens da diversidade cultural e da vida cotidiana nas favelas. Os fazeres sociais e culturais locais são os grandes temas pautados nas fotografias produzidas por eles. O grupo tem uma posição política de ordem da contrainformação visual, uma vez que as imagens feitas pelo fotojornalismo são geradoras de estigmas que reforçam preconceitos sobre as favelas da Maré e sua população. Neste livro olhei para a luta simbólica envolvendo a produção de fotografias por um grupo local que questiona as imagens produzidas por grupos que poderiam ser lidos como de "fora da favela".

Ao longo da pesquisa foi ficando evidente a existência de uma comunidade de imagens que não estava prevista no escopo inicial do livro. Quando comecei o estudo das imagens da Maré buscava refletir sobre as imagens fotográficas profissionais feitas pelos fotógrafos populares e fotojornalistas, entendendo que estes grupos produzem imagens politicamente posicionadas, mas existe um acervo grande de fotos feitas e consumidas pelos moradores, formando, assim, uma economia local de imagens fotográficas que têm dinâmicas próprias de circulação, não dependem e não estão atreladas aos sentidos das imagens previstas inicialmente na pesquisa. A hipótese aqui lançada é de que a comunidade de fotografias produzidas pelos moradores é infinitamente maior do que as coleções elaboradas pelo fotojornalismo e pelos fotógrafos populares. Essa comunidade de fotos, que pode ser encontrada nos álbuns familiares e nas redes sociais, precisa ser conhecida a fundo. Defendo que essas fotos pertencem à mesma categoria das imagens populares, guardado o entendimento de que são diferentes em sentido técnico e, a princípio, em sentido político. Não são imagens feitas por profissionais e não podem ser lidas segundo os mesmos critérios que usamos para ler as imagens feitas pelos fotojornalistas e pelos fotógrafos populares, que elaboram fotografias em três níveis: técnico, estético e político. O reino das imagens populares amadoras é de outra ordem, são praticadas desde o princípio de ocupação da Maré. Esses documentos visuais contam as histórias das cerimônias familiares, funcionam como "sociogramas" (Bourdieu, 2004), registram solenidades como casamentos e festas de aniversários e rituais religiosos como batizados. Essas imagens fazem um inventário da vida social e cotidiana das favelas da Maré.

Nessa perspectiva, é preciso fazer um retrato completo das representações fotográficas das favelas da Maré e, assim, terminar o inventário, mas para isso será necessário conhecermos essa comunidade de fotos dos álbuns familiares e as ações que os moradores fazem publicamente através das redes sociais. Como fechamento de minhas argumentações proponho a abertura dessa pequena janela de observação para o tema das imagens da Maré. Sugiro olharmos brevemente para uma experiência de publicação de imagens protagonizadas por moradores. A experiência aqui tomada como exemplo é o da página "Todo dia uma foto linda do complexo da Maré" (Facebook e Instagram), espaço mantido por Rodrigo Maré, Leticia Souza e Kananda Ferreira desde 2017.

Em 23 de fevereiro de 2017, quando eu estava escrevendo este livro, recebo uma notificação através do aplicativo Facebook: um convite para participar da página que tinha sido criada naquele dia na rede social e tinha a proposta de publicar conteúdos fotográficos sobre as favelas da Maré todos os dias. O convite partia de Rodrigo[24], um artista com reconhecidas atuações artísticas e culturais na região, ator da Cia Marginal[25] e músico do grupo Los ChiviTos. Eu o havia fotografado em um dos registros fotoetnográficos apresentados no segundo capítulo.

De imediato, aceitei o convite recebido no Facebook e passei a acompanhar as publicações da página que tinha como proposta a divulgação rotineira de fotografias enviadas por moradores/leitores. O espaço virtual tinha interesse em receber fotos que narrassem

24. Rodrigo Maré é um jovem artista morador da Nova Holanda. É ator da Cia Marginal e músico do grupo Los ChiviTos.

25. Cia Marginal é um grupo de teatro originado na Maré.

“situações belas”, conforme enuncia o título da página. A ação dialogava com uma evidência que vinha se desenhando neste exercício de pesquisa, “os usos sociais e as práticas fotográficas” (Bourdieu, 2004) na cultura local das favelas da Maré. A página abriga imagens elaboradas por fotógrafos profissionais da Maré, mas também está aberta para receber conteúdo fotográfico produzido por moradores/leitores que usam de forma amadora a linguagem — um espaço interessante para a circulação das imagens que neste estudo categorizamos como imagens populares.

Elaboro um exercício de leitura crítica da página no intervalo de 23 de fevereiro a 17 de março. Durante os vinte e três dias foram publicadas sessenta fotografias, algumas das imagens são de autoria dos fotógrafos populares. Bira Carvalho, um dos fotógrafos de grande reconhecimento e prestígio local tem fotos publicadas no intervalo de dias que visitei assiduamente o espaço, aliás, a fotografia que abre as publicações da página é assinada por Bira.

No primeiro dia de atividade do espaço virtual foram publicadas dez fotografias, o que demonstra uma boa adesão dos moradores/leitores à ideia da página. Nos demais dias as publicações foram variando e diminuindo, adequando-se à proposta de postagem de uma foto por dia, conforme enuncia o nome da página. As fotografias desse primeiro dia são de autoria de fotógrafos profissionais e amadores. Bira, o fotógrafo Fagner França e Gizele Martins[26] assinam fotografias publicadas naquele dia 23.

A administração da página tem uma noção bastante interessante a respeito da importância da identificação das autorias das imagens, condição que precisa ser respeitada, inclusive, para os usos feitos por terceiros do conteúdo fotográfico exibido no espaço virtual. As regras gerais da página foram postadas no dia 24/02:

---

26. Gizele Martins é uma importante jornalista e cria da Maré.

— Proibido o uso das imagens sem o consentimento do autor proprietário (Lei 9610 de 98) (caso alguma foto lhe interesse, favor contactar o autor);
— As imagens podem ser compartilhadas via nossa página
— Não fazemos divulgação de páginas, trabalhos pessoais, instituições, etc.;
— Só postaremos fotos com o nome do autor (nada de anonimato);
— Todas as fotos serão postadas, pedimos um pouco de paciência.

Me encontrei com Rodrigo Maré no dia 5 de abril na sede do Observatório de Favelas, na Rua Teixeira Ribeiro, Nova Holanda. Muitos moradores da Maré ligados a comunicação, arte e cultura estiveram presentes, Rodrigo era um desses nomes. Naquele dia a equipe de comunicação da instituição realizava uma edição do projeto Diálogos Escola Popular de Comunicação Crítica (ESPOCC)[27], uma atividade composta por uma série de entrevistas com plateia e transmitidas ao vivo pelas redes sociais do projeto. Bira Carvalho e eu participamos do evento na condição de convidados e falamos sobre o cenário da fotografia no contexto das favelas da Maré. Neste encontro tive oportunidade de expor ao Rodrigo algumas impressões a respeito do acompanhamento crítico que vinha elaborando sobre o espaço virtual organizado por ele. Na conversa Rodrigo me detalhou as condições de criação da página: naquele dia 23, a localidade Nova Holanda tinha vivido um dia sangrento com uma operação policial que deixou sete pessoas feridas e um rastro de desolação na favela. Foi este clima de tensão um dos motivos da criação da página.

27. Disponível em: http://www.espocc.org.br/dialogos-espocc/.

Das 60 fotografias publicadas na página no intervalo de 23/02 a 17/03, a maioria comunicava situações paisagísticas. Crianças ou jovens brincando nas ruas ou nas lajes da favela também eram temas visíveis — cenas da vida cotidiana. É interessante destacar que estes também são os temas das imagens feitas pelos fotógrafos populares. Algumas fotos são enviadas para a página de forma espontânea, mas Rodrigo faz um movimento de contato direto com os moradores/leitores de modo a incentivar envios para postagens programadas na página pelos administradores do espaço. Em pelo menos uma situação eu contribuí nesta modalidade de participação.

Paisagens afetivas da Nova Holanda

> A Nova Holanda é um pedaço de terra, que fica situado à beira-mar, [...] tem um celeiro de bamba, onde impera o samba. A cantar, sinto orgulho em dizer, a Nova Holanda para mim é um prazer, sinto orgulho em dizer, a Nova Holanda para mim é um prazer, eu vejo a alegria estampada, no rosto da rapaziada, eu vejo as cabrochas com esplendor, cantando samba com fervor, fazendo bonito nos pés, bonito nas cadeiras, as cabrochas brasileiras de Nova Holanda, a Nova Holanda. (Redes da Maré; 2012, p. 141).

O samba da epígrafe faz um retrato poético da favela Nova Holanda. Seu Adevanir Oliveira, autor da letra, é um importante nome que ajudou a construir a única escola de samba da Maré[28], que fica localizada nesta favela. A Nova Holanda é uma das comunidades da Maré com um histórico de mobilização bastante interessante no

28. Grêmio Recreativo Escola de Samba Gato de Bonsucesso, popularmente conhecido no local como Gato de Bonsucesso. Fundado em 16 de fevereiro de 1999, sua sede fica na favela Nova Holanda e adota como cores o azul e o branco.

campo da comunicação, da arte e educação. Duas das três instituições que tomamos como referência na introdução deste livro têm suas sedes na favela — Redes da Maré e Observatório de Favelas. Essa forte atuação dos moradores tem como resultado ações de combate aos estigmas gerados sobre o local. A primeira vez que tive contato com o samba da epígrafe foi na peça teatral "Qual é a Nossa Cara"[29], da Cia Marginal, uma obra inteiramente dedicada à narração da história e das memórias da favela Nova Holanda.

Entre as fotografias publicadas no primeiro mês de atividade da página "Todo dia uma foto linda do Complexo da Maré", uma parte significativa comunicava sobre a favela Nova Holanda. Isto talvez ocorresse pelo fato de Rodrigo e outros membros da administração do espaço morarem no local e, assim, concentrarem uma rede social maior nesta localidade. De todo modo, o que aponto é que muitos dos caminhos trilhados a partir dos processos artísticos e de comunicação na Maré nos levam para a Nova Holanda. A própria história da fundação do projeto Imagens do Povo, que remonta aos anos 1990, dá fortes indícios de ele ter nascido na favela.

Os discursos visuais que os fotógrafos populares mobilizam parecem encontrar bastante eco político na favela. Ao verificarmos o conteúdo das imagens publicadas pela página, fica bastante visível a influência dos fotógrafos locais. Existe no lugar uma noção difundida de que a cobertura fotojornalística produz de forma reiterada as imagens da violência sobre as favelas da Maré, reforçando os estigmas e preconceitos no imaginário coletivo sobre o lugar. Esse olhar político dirigido, em geral, para as favelas pelos jornais deu origem ao movimento de fotógrafos gestado na Maré. As imagens da violência são narrações políticas que seguirão sendo produzidas

29 "Qual é a Nossa Cara" é uma peça teatral que narra a memória da favela Nova Holanda. A obra foi inspirada numa série de entrevistas realizadas com os moradores locais.

por este campo discursivo exógeno do fotojornalismo. Mas nas favelas da Maré, desde os anos 1990, os moradores buscam formas de superação das imagens negativas do lugar, materializando um novo conceito para as imagens. O modo de fazer registros fotográficos que reconhece a vida cotidiana local na sua complexidade e integridade é o que chamamos aqui de imagens populares.

Todo Dia uma Foto Linda do Complexo da Maré

tododia_uma_fotolinda_damare
Complexo da Maré

267 curtidas

tododia_uma_fotolinda_da_mare

A mais bela das belas! ♥

📷 @dougloppes

tododia_uma_fotolinda_damare
Favela Nova Holanda – Complexo da Maré

46 curtidas

tododia_uma_fotolinda_da_mare

Boa tarde, Maré! ♥

📷 Letícia Souza

tododia_uma_fotolinda_damare
Complexo da Maré

19 curtidas

tododia_uma_fotolinda_da_mare

Stop Time Brasil

📷 Rodrigo Maré Souza

tododia_uma_fotolinda_damare
Favela Nova Holanda – Complexo da Maré

30 curtidas

tododia_uma_fotolinda_da_mare

Essa é pra refletir 🧐

📷 Rodrigo Maré Souza

tododia_uma_fotolinda_damare
Baile do Parque União

91 curtidas

tododia_uma_fotolinda_da_mare

Última do ano. Hoje o bailão é aonde? ♥

📷 @affonsodalua

tododia_uma_fotolinda_damare
Vila do João

55 curtidas

tododia_uma_fotolinda_da_mare

BOM DIA , MARÉ!

📷 Kamila Camillo

tododia_uma_fotolinda_damare
Complexo da Maré

51 curtidas

tododia_uma_fotolinda_da_mare

Linda semana, Maré! 🙏

📷 Gabriela Lino

tododia_uma_fotolinda_damare
Vila do Pinheiro – Complexo da Maré

51 curtidas

tododia_uma_fotolinda_da_mare

30 OVOS 10 REAIS!

📷 Rodrigo Maré Souza

tododia_uma_fotolinda_damare
Parque União

121 curtidas

tododia_uma_fotolinda_da_mare

Lá da Casa das Mulheres da Maré!

📷 Letícia Souza Stark

tododia_uma_fotolinda_damare
Favela Nova Holanda – Complexo da Maré

1,6 mil curtidas

tododia_uma_fotolinda_da_mare

BRASIL, O TEU NOME É DANDARA!

📷 Naldinho Lourenço

REFERÊNCIAS

Bibliográficas

ABREU, Regina; CHAGAS, Mário de Souza. Museu da Maré: memórias e narrativas a favor da dignidade social. *Revista MUSAS*, 2007.

ACHUTTI, Luiz Eduardo Robinson. *Fotoetnografia da Biblioteca Jardim*. Porto Alegre: Editora da UFRGS: Tomo Editorial, 2004.

ALBUQUERQUE, M. A. S. *O regime imagético Pankararu (tradução intercultural na cidade de São Paulo)*. Tese de Doutorado — Centro de Estudos Ameríndios, Universidade Federal de Santa Catarina, 2011.

ALMEIDA, A. G. *In memoria: imagens do sofrimento dos familiares e vítimas da violência no Rio de Janeiro*. Tese de Doutorado — Programa de Pós-graduação em Ciências Sociais, Universidade do Estado do Rio de Janeiro (UERJ/PPCIS), 2013.

ALFANO, B.; MONTEAGUDO, C. Áreas mais carentes do Rio têm temperaturas mais altas, aponta estudo. *Jornal Extra Online*, 10 de janeiro de 2016. Disponível em: https://extra.globo.com/noticias/rio/areas-mais-carentes-do-rio-tem-temperaturas-mais-altas-aponta-estudo-18441075.html.

ALVITO, Marcos. *As cores de Acari: uma favela carioca*. Rio de Janeiro: FGV, 2001.

BARTHES, Roland. *A Câmara Clara: nota sobre a fotografia*. Tradução de Júlio Castañon Guimarães. Rio de Janeiro: Nova Fronteira, 1984.

BIANCHI, P. "Xerife" do desperdício diz até rasgar piscina para poupar água na Maré. *UOL*, 31 de janeiro de 2015. Disponível em: https://noticias.uol.com.br/cotidiano/ultimas-noticias/2015/01/31/xerife-do-desperdicio-diz-ate-rasgar-piscinas-para-economizar-agua-na-mare.htm#fotoNav=4.

BOURDIEU, Pierre. *O Poder Simbólico*. Lisboa: Difel, 1989.

BOURDIEU, Pierre. O camponês e a fotografia. *Rev. Sociol. Polít.*, Curitiba, 26, p. 31-39, jun. 2006.

CAMPANY, David; HACKING, Juliet. *Tudo Sobre Fotografia*. Tradução: GMT Editores Ltd. Rio de Janeiro: Sextante, 2012.

CARMINATI, Thiago Zanotti. *Imagens da Favela, imagens pela Favela: representações de si e do outro nas imagens do povo*. Dissertação de Mestrado — Programa de Pós-graduação em Ciências Sociais, Universidade do Estado do Rio de Janeiro (UERJ/PPCIS), 2008.

CEASM. *Livro de contos e lendas da Maré*. Rio de Janeiro: Maré das Letras, 2003.

GAMA, Fabiene. *A autorrepresentação fotográfica em favelas: Olhares do Morro*. Dissertação de Mestrado — Programa de Pós-graduação em Ciências Sociais, Universidade do Estado do Rio de Janeiro (UERJ/PPCIS), 2006.

GAMA, Fabiene. *Fotodocumentação e participação política: Um estudo comparativo entre o Brasil e o Bangladesh*. Tese de Doutorado — Programa de Pós-graduação em Antropologia, Universidade Federal do Rio de Janeiro, 2012.

GEERTZ, Cliford. *A Interpretação das Culturas*. Rio de Janeiro: Livros Técnicos e Científicos Editora, 1989.

GOLDMAN, Márcio. Os tambores dos mortos e os tambores dos vivos... *Revista de antropologia*, São paulo, USP, 2003, v. 46, n. 2.

GONÇALVES, Marco Antonio; HEAD, Scott. *Devires imagéticos: representações e apresentações de si e do outro*. Rio de Janeiro: 7letras, 2009.

GURAN, Milton. *Linguagem Fotográfica e Informação*. Rio de Janeiro: Rio Fundo Editora, 1992.

GURAN, Milton. Fotografar para descobrir, fotografar para contar. *Cadernos de Antropologia e Imagem*, Rio de Janeiro, 10 (1): 155-165, 2000.

GURAN, Milton. *Linguagem fotográfica*. Rio de Janeiro: Gama Filho, 3 ed., 2002.

JAGUARIBE, Beatriz. *O choque do real: Estéticas mídia e cultura*. São Paulo: Editora Rocco, 2007.

KOSSOY. Boris. *Realidade e Ficções na Trama Fotográfica*. São Paulo: Ateliê Editorial, 2009.

LIMA, Mario Hélio Trindade ; CARMINATI, Thiago Zanotti. Imagens e contra imagens da Favela. *Geografares*, nº 6, 2008.

NICHOLS, Bill. *Introdução ao documentário*. Indiana: Indiana University/Papirus Editora, 2001.

NOVAES, Sylvia Caiuby (Org.). *Entre arte e ciência: a fotografia na antropologia*. São Paulo: Edusp, 2015.

NOVAES, Sylvia Caiuby. El filme etnográfico: autoría, autenticidad y recepción. *Revista Chilena de Antropología Visual*, v. 15, p. 103-125, 2010. Disponível em: http://www.rchav.cl/2010_15_art06_caiuby.html

PINTO, André Luis Esteves. *O Cidadão: Um Jornal Comunitário na Era da Globalização*. Dissertação de Mestrado — Escola de Comunicação, Universidade Federal do Rio de Janeiro (UFRJ/ECO), 2004.

REDES DA MARÉ. *Memória e Identidade dos Moradores de Nova Holanda*. Rio de Janeiro: Editora Redes da Maré, 2011.

REDES DA MARÉ. *Guia de Ruas Maré 2012*. Rio de Janeiro: Mórula Editorial, 2012.

SILVA, Cláudia Rose Ribeiro da. *Maré: a invenção de um bairro*. Dissertação de Mestrado — Programa de Pós-graduação em História Política e Bens Culturais, Fundação Getúlio Vargas (FGV-PPHPBC), 2006.

SILVA, Eliana Sousa. *Testemunhos da Maré*. Rio de Janeiro: Aeroplano Editora, 2012.

SILVA, Jailson de Souza e; BARBOSA, Jorge Luiz. *Favela: alegria e dor na cidade*. Rio de Janeiro: Editora Senac Rio, 2005.

SILVA, Jailson de Souza e; BARBOSA, Jorge Luiz; FAUSTINI, Marcus Vinicius. *O Novo Carioca*. Rio de Janeiro: Mórula Editorial, 2012.

SONTAG, Susan. *Sobre fotografia*. Companhia das Letras, 2004.

SONTAG, Susan. *Diante da dor dos outros*. São Paulo: Companhia das Letras, 2003.

SONTAG, Susan. Diante da dor dos outros. Companhia das Letras, 2003.

VALLADARES, Lícia. *A invenção da favela: do mito de origem a favela.com*. Rio de Janeiro: Editora FGV, 2005.

ZALUAR, A.; ALVITO, M. (Orgs.). *Um Século de Favela*. Rio de Janeiro: Editora FGV, 2003.

Videográficas

Abaixando a Máquina: ética e dor no fotojornalismo carioca (Vídeo, 2007). Guilhermo Planel.

Vivendo um Outro Olhar: fotojornalismo, favela, cidadania (Vídeo, 2010). Guilhermo Planel.

Eletrônicas (ou Sites)

REDES DA MARÉ: www.redesdamare.org.br

VIVA FAVELA: www.vivafavela.org.br

IMAGENS DO POVO: www.imagensdopovo.org.br

RATÃO DINIZ: www.rataodiniz.com.br

OBSERVATÓRIO DE FAVELAS: www.observatoriodefavelas.org.br

MUSEU DA MARÉ: www.museudamare.org.br

TODO DIA UMA FOTO LINDA DO COMPLEXO DA MARÉ: www.facebook/tododiaumafotolindadocomplexodamare

1ª edição	maio 2021
impressão	meta
papel miolo	pólen soft 80g/m²
papel capa	cartão triplex 300g/m²
tipografia	arnhem e trade gothic